W0375309

ZU FRÜH, UM AUFZUGEBEN!

WIE ICH LERNTE, MEIN LEBEN WIEDER IN DIE HAND ZU NEHMEN

TORSTEN WIERMANN

Sorriso
VERLAG

IMPRESSUM

Die Ratschläge in diesem Buch wurden von dem Autor und vom Verlag sorgfältig erwogen und geprüft, dennoch kann eine Garantie nicht übernommen werden. Eine Haftung des Autors bzw. des Verlags und seiner Beauftragten für Personen-, Sach- und Vermögensschäden ist ausgeschlossen. Der Verlag weist ausdrücklich darauf hin, dass im Text enthaltene externe Links vom Verlag nur bis zum Zeitpunkt der Buchveröffentlichung eingesehen werden konnten. Auf spätere Veränderungen hat der Verlag keinerlei Einfluss. Eine Haftung des Verlags für externe Links ist stets ausgeschlossen.

Lektorat: Dr. phil. Heidrun Adriana Bomke
Korrektorat: Bianca Weirauch
Layout, Umschlaggestaltung und Satz:
Susanne Büttner, trustmarketing.de

ISBN: 978-3-946287-93-3

1. Auflage 2018
Dieses Buch ist auch als E-Book erhältlich.
www.sorriso-verlag.com
Werde Teil der sorriso community:

Inhaltsverzeichnis

KAPITEL 1

Begleite mich auf meiner Reise!

Es war Sonntag, der 1. Januar 2016. Die feuchte Luft stand noch im Badezimmer. Ein leichter, kühler Windzug kam durch das gekippte Fenster. Routiniert machte ich mich morgens im Bad fertig und duschte. Doch ich hatte das seltsame Gefühl, dass heute irgendetwas anders war. Die folgenden Minuten lassen mich rückblickend noch immer erschaudern. Alleine der Gedanke daran bereitet mir Gänsehaut!

Nachdem ich mich abgetrocknet hatte, föhnte ich meine Haare. Ich bemerkte dabei, dass irgendetwas nicht passte. Genau fassen konnte ich es aber noch nicht. Es war mehr als nur ein komisches Gefühl! Anschließend wickelte ich das Stromkabel um die Föhnhalterung. Und da passierte es! Die linke Hand, die den Föhn festhielt, kippte leicht nach unten weg. Entgegen meinem Willen. Einfach so! Ich konnte es nicht glauben und versuchte es erneut. Wieder sank die Hand gegen meinen Widerstand mit dem Föhn zu Boden. Und wieder. Begleitet von starken Schmerzen und der erlebten Kraftlosigkeit sank ich heulend in mich zusammen und kauerte verzweifelt am Fliesenboden des Badezimmers. Ich konnte nicht mehr!

Was war passiert?

Das schnell abzuhandeln ist nicht möglich. In diesem Buch

begleitest du mich über einen Zeitraum von ungefähr zwei Jahren: von Oktober 2015 bis zum Jahresende 2017.

Basierend auf einem glücklichen Leben, werde ich im besten Alter von einer heimtückischen Krankheit heimgesucht. Es wird deutlich, mit welchen Hindernissen und Problemen ich in dieser Zeit zu kämpfen hatte. Dabei gebe ich immer wieder tiefe Einblicke, auch in mein Seelenleben. Lache mit mir über manche sarkastischen Ausführungen. Schüttle den Kopf bei unglaublichen Situationen. Versuche, dich in meine Lage zu versetzen.

Ungefähr ein Jahr nach Erkrankungsbeginn fasste ich den Entschluss, meine Erfahrungen aufzuschreiben. Mit diesem Buch möchte ich Menschen in einer ähnlichen Lebenslage Mut machen und Angehörigen, Freunden und Interessierten einen breiten Blick über den Tellerrand hinaus ermöglichen sowie Verständnis schaffen. Meine Geschichte soll dir zeigen, dass es sich zu jeder Zeit lohnt zu kämpfen. Dass Rückschläge auch in der Krankheitsphase dazugehören. Und dass es immer zu früh ist, wenn es um das Aufgeben geht. Aufgeben ist **nie** eine Option!

Dieses Buch soll dir auch bewusst machen, dass heute dein letzter Tag in bester Gesundheit sein könnte. Lebe daher jeden glücklichen Moment voll aus und sei dankbar, wenn es dir gut geht.

Gesundheit hat einen unschätzbaren Wert und doch wird sie einfach vorausgesetzt. Früher hatte ich die Einstellung, dass schwere Krankheiten nur den älteren Generationen vorbehalten sind und dass meine Gesundheit selbstverständlich sei. Eine sehr überhebliche Denkweise, die ich nach meinen eigenen Erlebnissen komplett verworfen habe. Ich hatte diese falschen Glaubenssätze. Jetzt nicht mehr!

Und damit nehme ich dich mit auf eine Zeitreise zurück in den Oktober 2015 – eine Zeit, in der mein Leben noch in Ordnung war. Und bitte wundere dich nicht! Ich spreche dich bewusst in der Du-Form an, denn ich will dich bestmöglich erreichen.

Doch bevor wir unsere gemeinsame Reise beginnen, möchte ich dich, verehrte Leserin, und dich, verehrter Leser, etwas fragen:

Wie steht es denn um deine eigene Gesundheit? Schätzt und pflegst du sie regelmäßig oder betrachtest du es als selbstverständlich, wenn du morgens nach dem Weckerläuten in bester Gesundheit aufwachst? Ist dir bewusst, dass deine Gesundheit die Basis für dein Leben ist? Ich hatte das vorher nicht so klar realisiert, daher stelle du dir bitte diese Fragen.

Nachdem ich Klarheit gefunden habe, hat heute das Thema Gesundheit eine vollkommen andere Wertigkeit für mich. Die Gesundheit steht bei mir an erster Stelle! Diese Erkenntnis und wie es dazu kam, will ich an dich weitergeben.

Ich möchte ausdrücklich darauf hinweisen, dass dieses Buch, etwaige Empfehlungen oder der Verweis auf Internetforen ***niemals*** *einen Besuch beim (Fach-)Arzt ersetzen bzw. die Meinungen/Einschätzungen eines Mediziners. Doch ich bin überzeugt davon, dass mit meinen eigenen Erfahrungen und Erkenntnissen der Heilungsprozess unterstützt werden kann.*

Die Heilung erfolgt immer aus der Kombination Vertrauen in die medizinisch verordnete Therapie und der eigenen positiven Einstellung zum Leben.

KAPITEL 2

Goldener Oktober

Es ist endlich Wochenende! Dabei schaue ich zufrieden auf erfolgreiche und ereignisreiche 14 Tage zurück. Was war denn alles passiert?

Seit Wochen arbeitete ich mit Hochdruck auf zwei Großprojekte hin: das Prüfungswochenende für die Trainerausbildung und die Feierlichkeiten zu meinem 40. Geburtstag am 26. Oktober 2015. Zeitlich spannte mich beides enorm ein und die Ereignisse folgten eng aufeinander. Kein Zuckerschlecken, aber echte Herzensangelegenheiten von mir!

Mit der Ausbildung zum „Fußballtrainer-C, Jugend und Kinder" ging ich an meine persönlichen Grenzen. Ich spielte als Kind nämlich nur wenige Monate in einem Fußballverein, bis ich merkte, dass das wohl nichts für mich ist. Doch durch meinen großen Sohn, der gerne Fußball spielte, war ich ehrenamtlich im Verein als Trainer eingebunden. Ich wollte mir durch die Ausbildung eine erweiterte Kompetenz aneignen und beweisen, dass man als Nicht-Fußballer und lediglich Fußball-Papa eine solche Qualifizierungsmaßnahme mit Erfolg abschließen kann.

Die Ausbildung erstreckte sich von Mai bis Oktober 2015 mit insgesamt drei Blöcken zu je zwei Wochen. In den Ausbildungswochen wurden die normalen Arbeitstage durch die danach angesetzten Lern- und Praxiseinheiten verlängert. Die Unterrichtsabende endeten selten vor 22:00 Uhr. Die jeweiligen Samstage waren ebenfalls für die Fortbildungsveranstaltungen reserviert. Nur dazwischen konnte ich kurz durchatmen. Wobei durchatmen das falsche Wort war. Die unterrichtsfreie Zeit zwischen den Blöcken nutzte ich, um an den vorgeschriebenen Hospitationen am DFB-Stützpunkt teilzunehmen, Protokolle zu schreiben, einen Erste-Hilfe-Kurs zu absolvieren und natürlich um zu lernen. Es war immer viel zu tun.

Der Lehrgangsleiter war ein harter Hund, aber immer fair in der Sache. Er forderte und förderte zugleich. Die Unterrichtseinheiten waren nie langweilig, denn schließlich saß ich einem Mann mit geballter Fußballkompetenz gegenüber, der etliche Jahre aktiv im Fußball tätig war und danach diverse Funktionärstätigkeiten bekleidete. Ich konnte in dieser Zeit viel lernen, auch weit über das Thema Fußball hinaus.

Zum Ende der Ausbildung stand das dreitägige Prüfungswochenende auf dem Programm. Es bestand aus Schiedsrichterprüfung, mündlicher und schriftlicher Prüfung, Demonstration des Eigenkönnens und dem Herzstück: der Lehrprobe mit einer Jugendmannschaft. Für mich insgesamt herausfordernd und schwer, aber lösbar. Und so kämpfte ich mich durch die einzelnen Aufgaben. Am Ende konnte ich nach den bestandenen Prüfungen die Trainer-Lizenz entgegennehmen. Ein wahrlich stolzer Moment für mich. Ich hatte es mir und allen anderen gezeigt, was möglich ist, wenn man fokussiert auf ein Ziel hinarbeitet!

Nebenbei plante ich mit großartiger Unterstützung meiner Ehefrau die Geburtstagsfeier am 31. Oktober 2015. 40 Jahre wird man schließlich nicht alle Tage. Und es sollte etwas ganz Besonderes werden. Deswegen hatte ich einen Dresscode ausgerufen: kostümiert! Die Auswahl des eigenen Kostüms war eine durchaus schwierige

Aufgabe. Nach langen Internetrecherchen, der Wahl des passenden Outfits und unzähligen E-Mail-Korrespondenzen hatte ich endlich das Richtige für meine Frau und für mich gefunden. Die Entscheidung fiel auf edle Gewandungen, die der mittelalterlichen Zeit nachempfunden waren.

Somit war fast alles erledigt. Der Saal wurde gebucht, ein Discjockey engagiert und auch bezüglich des Essens hatten wir uns auf ein offenes Buffet geeinigt. Lediglich die genaue Auswahl der Speisen stand noch aus. Daher saß ich am PC und suchte im Internet nach diversen Rezepten bzw. Impressionen für die einzelnen Gerichte. Es sollte ein regelrechter Ausflug in die Küchen dieser Welt werden.

Aus unerklärlichen Gründen schweiften dabei auf einmal meine Gedanken ab. Ich hatte ein komisches Gefühl und es kam eine Stimme hoch: „Torsten! Das wird dein letzter großer Geburtstag. Genieße die Feier und mache etwas Großes daraus!“ Und schon war die unheimliche Stimme wieder weg. Es lief mir in diesem Moment eiskalt den Rücken herunter. Meine Stimmung schwenkte sofort um – von total zufrieden auf erschreckend nachdenklich. Hallo? Was war das denn gerade? Wie kam ich zu solchen abstrusen Überlegungen? Könnte das wirklich sein? Quatsch! Schließlich ging es mir gesundheitlich gut und ich konnte mich auch sonst nicht beschweren. Ich versuchte, mich wieder zu beruhigen. Wahrscheinlich war das nur ein komisches Gefühl, weil ein runder Geburtstag bevorstand. Zudem ist 40 doch kein Alter! Es sollte meinen Lebensmittelpunkt markieren, denn angepeilt habe ich die 80 Jahre. Vorher wollte ich diesen Planeten nicht verlassen. Die Stimme ging mir nicht mehr aus dem Kopf und die Gedanken beschäftigten mich noch eine ganze Weile. Einen Grund hierfür gab es aber nicht! Seltsam. Welche schwierige Zeit mir jedoch bevorstehen sollte, konnte ich da kaum erahnen.

Kennst du das Gefühl? Im Außen passt alles und trotzdem stimmt etwas nicht? So war es zumindest bei mir! Aus dem Nichts kam diese Stimme auf. Das war für mich erschreckend und sehr verstörend, denn ich höre sonst keine Stimmen! Einen tieferen Sinn hatte es für mich dennoch – mehr dazu in einem späteren Kapitel.

Heute weiß ich: Die innere Stimme ist ein Teil von dir und möchte dir eine Wegweisung geben. Sie kommt vermutlich tief aus dem Bauch oder Herzen und kann als Alarmsystem fungieren. So habe ich es zumindest erlebt. Sollte dir jemals etwas Ähnliches widerfahren, dann hake es bitte nicht als Spinnerei ab. Es gibt anscheinend manchmal Dinge, die wir nicht erklären können. Schenke ihnen Beachtung und sei wachsam!

KAPITEL 3

Der 40. Geburtstag

Das komische Gefühl der letzten Tage begleitete mich weiterhin, wie ein kleines Hündchen seinen Herrn. Was ist nur los mit mir? Vielleicht war es ja eine Frage des Sinns? Was sind meine Ziele bzw. was möchte ich gerne im Leben erreichen? Wenn ich eine kurze Zwischenbilanz ziehen müsste, sah das in etwa wie folgt aus: Ich bin verheiratet mit einer tollen Frau, es wurden mir zwei fröhliche und gesunde Kinder geschenkt, ich habe ein Haus (um)gebaut, einen Baum gepflanzt und beruflich lief es soweit gut. Vielleicht hatte mich die berühmte Midlife-Crisis erwischt? Alles im Leben erreicht und doch auf der Suche nach neuen Zielen. Was stimmte mit mir nicht? Ich fand auf die Fragen vorerst keine Antworten. Jedoch war mir das im Moment nicht wichtig. Warum? Heute war mein 40. Geburtstag. Und den feierte ich im kleinen Kreis mit der Familie in einem mexikanischen Restaurant bei leckerem Essen. Bis spät in die Nacht saßen wir zusammen und amüsierten uns. Es war ein schöner Tag, der 26. Oktober 2015!

Die restliche Woche hatte ich Urlaub und den brauchte ich auch. Letztlich waren noch einige Vorbereitungen für die bevorstehende Feier mit den Freunden zu erledigen wie der Einkauf im Großmarkt, die Getränkebestellung und die Zubereitung der Speisen für das

Buffet. Meine Ehefrau und ihre Cousine schufteten am Vortag der Feier verdammt hart, aber mit sehr viel Begeisterung und zauberten ein wahres kulinarisches Meisterwerk.

Am Tag der großen Geburtstagsfeier war ich ein wenig nervös. Ich versuchte, es mir so weit nicht anmerken zu lassen. Und so trafen wir die letzten Vorbereitungen. Es sollte möglichst perfekt sein. Bedenken kamen mir jedoch keine auf, denn wir hatten von den Einladungskarten über das Buffet bis zur musikalischen Unterhaltung alles ins kleinste Detail geplant. Ich wollte nichts dem Zufall überlassen. Nach dem Schmücken des Saales wartete nur noch eine Sache: das Einkleiden in unsere Kostüme. Wie ein Kind erfreute ich mich an der eleganten, mehrschichtigen Robe, die einem Feuermagier aus der alten Zeit nachempfunden war. Nach dem Anlegen blickte ich stolz in den Spiegel. Ein Prachtwerk und Farbmix aus schwarzen, feuerroten und goldenen Details. Die Reinkarnation von Merolie hatte begonnen.

Hierzu muss man wissen, dass ich ein begeisterter Rollenspieler bin, der sich gerne in der Zeit der Drachen und Mythen aufhält und dort den Charakteren von Magiern oder Zauberern Leben einhaucht. Bevor jetzt aber jemand auf die Idee kommen sollte, mir eine Einweisung in eine psychiatrische Einrichtung zu empfehlen, sei gesagt, dass ich diese Ausflüge nur in der virtuellen Spielwelt am PC unternehme. Doch zu meinem 40. Geburtstag kam Merolie in die reale Welt.

Die Magiergewandung passte perfekt. Ich schaute seitlich in den Raum und sah meine Frau in der Robe einer Edeldame. Ein geschnürtes Kleid in Schwarz mit bordeauxfarbenen Akzenten. Ein wahrer Traum! Sie sah darin umwerfend aus.

Frisch eingekleidet in unseren Gewandungen konnten wir dann

die ersten kostümierten Gäste empfangen und feierten ausgelassen. Das Essensbuffet ließ keine Wünsche offen. Neben den kulinarischen Highlights brachte der Discjockey die Kalorien wieder zum Schmelzen. Auf der Tanzfläche tummelten sich Waldläufer, Hexen, Klempner, Elefanten, Mönche, Vampire, Zombies usw. Alle tanzten ausgelassen zu den Hits der 80er, 90er und der Neuzeit. Und so feierten wir bis spät in die Nacht hinein. Es war ein tolles Fest mit überschwänglicher Stimmung und guten Gesprächen. Geschafft, aber sehr zufrieden sanken wir in den frühen Morgenstunden ins Bett.

„Man muss die Feste feiern, wie sie fallen“, sagt ein bekanntes Sprichwort von Hermann Salingré. Das tat ich! Diese einzigartigen Momente, wie mein 40. Geburtstag, kommen nie wieder zurück. Einmal erlebt, bleiben sie für immer tief in unserer Erinnerung. Das ist unbezahlbar! Kreiere daher möglichst viele unvergessliche Momente in deinem Leben!

Mache dir bewusst, dass wir eines Tages nicht die Dinge bereuen, die wir vielleicht gemacht haben, sondern vielmehr die, die wir versäumt haben. Kennst du solche Momente? Wenn ja, dann zögere nicht. Lebe deine Träume! Das macht das Leben aus.

KAPITEL 4

Adventszeit

Die Vorweihnachtszeit war wie fast jedes Jahr von den üblichen Abläufen geprägt. Zum Jahresende tummelten sich bei mir eng terminiert die Jugend-Fußballturniere, ich versuchte die vielen Weihnachtsfeiern unter einen Hut zu bringen und die wilde Jagd nach den Geschenken für meine Lieben hatte begonnen. Für meine Arbeitskollegen hatte ich dieses Jahr eine ganz besondere Idee. Einen selbst gebastelten Schneemann. Ich nahm eine weiße Tennissocke und füllte sie mit Reis. Mit einem Bindfaden formte ich die körperlichen Konturen. Anschließend verzierte ich das Gesicht und den Bauch der Schneegestalt mit bunten Hosenknöpfen und Stecknadeln. Das Ganze zelebrierte ich schön auf einem Dekoteller mit Süßigkeiten und weihnachtlichen Details. Fertig war das Kunstwerk. Ich war sehr gespannt, ob es ihnen gefallen würde.

In den letzten Wochen hatte ich auch ein neues entwicklungsfähiges Themenfeld für mich gefunden: Meine Gesundheit! Also verlagerte ich den Fokus auf mein Gewicht, mehr Sport und eine gesündere Ernährung. Das war auch dringend erforderlich. Seit Wochen empfand ich ein starkes Unwohlsein, nachdem die Kleidung nicht mehr so gut passte wie vorher. Überall spannte es – zwar nicht sichtlich, aber ich spürte dieses unangenehme Gefühl der eng anliegenden Textilien. Kein Wunder, denn die Waage zeigte gut acht Kilogramm zusätzlich an. Stopp! So konnte es nicht weitergehen, sagte ich zu mir. Deshalb schmiedete ich einen knallharten Abnehmplan. Eine ausgewogene Kombination aus Sport, Ernährung und viel Disziplin. Gerade der Verzicht auf Süßigkeiten und Softdrinks fiel mir die erste Zeit schwer. Doch ich blieb standhaft und verzichtete überwiegend auf raffinierten Zucker in aller Art. Dafür gab es mehr Gemüse, Salat und literweise heißes Ingwerwasser. Nach drei Wochen hatte sich mein Körper an die neuen Lebensgewohnheiten angepasst und die ersten Kilos purzelten. Natürlich spielten die regelmäßigen Laufeinheiten eine große Rolle, denn nur mit reduzierter Kalorienzufuhr und höherem Energieverbrauch konnte ich an mein Ziel kommen. Ergänzend fing ich mit den verschiedensten Gymnastikübungen an, um den Körper weiter zu fordern und zu definieren. Ich fühlte mich durch die purzelnden Kilos immer besser und der Sport war ein super Ausgleich zur Arbeit. Zudem das perfekte Mittel zum Stressabbau. Die Waage zeigte inzwischen 10 Kilogramm weniger an. Ich war stolz auf das Erreichte. Trotzdem passte irgendetwas nicht. Eine innere, unerklärliche Unruhe erfüllte mich. So musste ich während der Arbeitszeit immer wieder kleinere Pausen einlegen, um den Kopf freizubekommen. Ich lief in dieser Zeit durch die Nürnberger Altstadt, am Ufer der Pegnitz entlang oder an der Wöhrder Wiese umher. Dabei sah ich erstaunlich viele neue Details in meiner Umgebung in Form von steinernen Skulpturen an Hausfassaden, mystisch gewachsene Astgabeln an Bäumen oder geheimnisvolle Wolkenzeichnungen am Himmel. Meine optische Wahrnehmungsfähigkeit war sehr ausgeprägt. Dazu kamen plötzliche Gefühls- und Stimmungsschwankungen. Das kannte ich nicht von mir! Eine wahre Achterbahnfahrt. Nicht selten lief mir in normalen

Situationen die eine oder andere Träne die Wange herunter. Das passierte völlig grundlos und ohne Auslöser! Was war bloß los mit mir? Habe ich es vielleicht mit meinem Diätplan übertrieben? Die passende Antwort fehlte mir.

Auch wenn scheinbar alles passt, ist es wichtig, auf jedes noch so kleine Signal des Körpers zu achten, wie aufkommende Schmerzen, Unruhe, Gefühls- oder Stimmungsschwankungen usw. Die Veränderungen nahm ich sehr wohl wahr, doch einordnen konnte ich es nicht. Mir fehlte hierzu das Bewusstsein.

Daher frage ich dich: Nimmst du dir Zeit für deine Befindlichkeiten und gehst in dich? Sei achtsam und aktiviere deine Selbstwahrnehmung! Nimm dir regelmäßig Zeit und spüre in dich hinein. Egal ob du einen Spaziergang machst, in Ruhe meditierst oder dich vor dem Schlafengehen fragst, ob alles okay ist. Das kostet nicht viel Zeit, ist einfach und kann dir einen echten Mehrwert geben. Und wenn du möchtest: Führe ein Achtsamkeitstagebuch! Wertvolle Tipps hierzu findest du auf www.werteanlage.de/achtsamkeit.

KAPITEL 5

Schmerz des Alltags

Es war Sonntag, der 13. Dezember 2015. Mit jedem Tag kam Weihnachten in großen Schritten näher. Die Augen meiner Söhne leuchteten voller Vorfreude im Kerzenschein der Adventskerzen. Besinnlich saß die Familie um den Adventskranz, genoss die wohlige Wärme des Schwedenofens und lauschte der weihnachtlichen Musik aus der Stereoanlage. Alle waren glücklich, zufrieden und vor allem gesund.

Mir ging es auch gut. Ich konnte nicht klagen. Ganz im Gegenteil! Körperlich veränderte ich mich in letzter Zeit ordentlich. Neben den positiven Effekten des Gewichtsverlusts und dem besseren Körpergefühl spürte ich allerdings auch einen Hauch von Muskelkater in den Beinen, links am Gesäß, der linken Schulter und in den beiden Oberarmen. Nichts Ungewöhnliches, wenn man von heute auf morgen die sportlichen Aktivitäten erhöht. Dachte ich!

Meine Trainingseinheiten absolvierte ich weiterhin unbekümmert. Jedoch verschlimmerten sich die scheinbaren Muskelverspannungen weiter. Um diesen Zustand rasch zum Positiven zu verändern, nahm ich nun jeden Tag Calcium- und Magnesiumtabletten ein. Leider ohne gewünschten Erfolg und so kamen zu den anfänglichen Verspannungen leichte Schmerzen hinzu. Ich stellte zunächst mein

Training ein, um dem Körper die nötige Zeit zur Regeneration zu geben. Damit hatte ich leider auch keinen Erfolg und nahm nun zusätzlich Schmerzmittel ein. Wieder erfolglos. Die Spirale drehte sich unterdessen weiter. Die Schmerzen wurden von Tag zu Tag stärker. Ich steigerte daraufhin eigenverantwortlich die Medikamentendosis und war jetzt eng befreundet mit den unterschiedlichsten Schmerzmitteln in Tabletten- und Tropfenform. Gut, dass es diese Arzneimittel gibt und ich einen Vorrat hatte! Einen Arzt brauchte ich wegen dieser Lappalie nicht aufsuchen. Zumindest kam mir das nicht in den Sinn.

Die Zeit verging weiterhin schnell und schon war der letzte Arbeitstag vor Weihnachten gekommen. Ich überreichte meinen Arbeitskollegen freudig das Gebastelte. Sie waren begeistert von den Schneemännern – die Bemühungen hatten sich gelohnt! Ich freute mich sehr darüber, doch wegen der Schmerzen konnte ich das nicht so zum Ausdruck bringen.

Der Heilige Abend – geprägt von der kirchlichen Predigt, dem leckeren Essen, den leuchtenden Kinderaugen und vielen Geschenken unter dem Weihnachtsbaum. Aber stopp! Da war ja noch etwas. Meine anhaltenden und stetig steigenden Schmerzen. Ich kam mir schon richtig blöd vor. Nur wegen den vielleicht übertriebenen sportlichen Aktivitäten ging es mir schlecht. Zumindest gab es für mich keinen anderen Grund.

Die Schmerzen nahmen mittlerweile überhand und waren auch nicht mehr wirklich durch die Tabletten und Tropfen zu bewältigen. Ich versuchte, das Ganze zu überspielen, jedoch merkte man mir meine nicht so ausgeprägte Fröhlichkeit an – um es einmal vorsichtig zu formulieren. Langsam überlegte ich, vielleicht doch einen Arzt aufzusuchen. Wegen der Feiertage war das aber ein eher unmögliches

Unterfangen. Somit blieb mir nur noch die bewusste Überdosierung der Schmerzmittel übrig. Was mich zusätzlich beunruhigte, war ein leichtes, einsetzendes Schwächegefühl in der linken Hand. Was passiert mit mir und meinem Körper?

Am 30. Dezember 2015 war es dann so weit – es ging nicht mehr. Trotz Überdosierung der Schmerzmittel verstärkten sich die Dauerschmerzen. Sie begleiteten mich Tag und Nacht. Ich war den Tränen nahe und verzweifelt. Nur Selbstmitleid half auch nichts und daher suchte ich im Laufe des Arbeitstages den ärztlichen Bereitschaftsdienst auf. Um eines vorneweg zu sagen: Es gibt keinen schlechteren Zeitpunkt, als zwischen den Feiertagen krank zu werden und einen Arzt aufzusuchen!

Das Wartezimmer der Praxis war brechend voll. An der Tür hing ein Hinweiszettel, dass es zu längeren Wartezeiten kommen würde. Das verwunderte mich nicht. Ich setzte mich auf einen der letzten freien Stühle und wartete. Der Wartebereich füllte sich angesichts der bevorstehenden Feiertage schnell und selbst am Gang verschärfte sich die Sitzplatzsituation. Unzählige Menschen sah ich an diesem Tag kommen und wieder gehen. Ich wartete und wartete und wartete. Nach geschlagenen drei Stunden Wartezeit wurde ich endlich aufgerufen. Dem behandelnden Arzt erzählte ich von meinen nicht mehr auszuhaltenden Schmerzen und dem leichten, unerklärlichen Kraftverlust in der linken Hand. Er schien ratlos. Nach dem objektiven Ausschluss eines Schlaganfalls und einem fragenden Schulterzucken gab er mir den Rat, die Dosierung der Schmerzmittel noch weiter zu erhöhen. Oder ich sollte – wenn es gar nicht mehr anders ging – die Notaufnahme eines Krankenhauses aufsuchen. Herzlichen Dank! Für diese unbefriedigende Auskunft opferte ich sinnlos ganze drei Stunden meiner Lebenszeit. Verärgert verließ ich die Praxis und ging wieder in die Arbeit.

Die bevorstehende Silvesterfeier wollte ich mir dennoch nicht vermiesen lassen. Ich befolgte den ärztlichen Rat und kombinierte abwechselnd die einzelnen Schmerzpräparate oberhalb der Regeldosierung. Den Schmerz konnte ich damit etwas eindämmen, die leichte Schwäche in der linken Hand blieb bestehen. Abends feierte ich zusammen mit meiner Frau und mit einem engen Freund bei leckerem Essen hinein in ein neues und hoffentlich besseres Jahr 2016!

Dauerhafte Schmerzen oder Ausfallerscheinungen sind ernst zu nehmende Warnsignale, die nie ignoriert werden dürfen. Der Besuch eines Arztes zum Ausschluss einer Erkrankung ist dann ratsam.

Hand aufs Herz: Wie hättest du nach den obigen Schilderungen gehandelt?

KAPITEL 6

(Un)Happy New Year

Es war kurz nach 23:00 Uhr und wir hatten uns entschieden, auf dem Marktplatz in das neue Jahr hineinzufeiern. Die Stimmung dort war ausgelassen. Aus der Ferne hörten wir die dumpfen Böllerschläge und sahen das Leuchtfeuer der Raketen in allen Farben. Dann war es endlich so weit: Fünf, vier, drei, zwei, eins – 2016! Die Sektkorken knallten um uns herum und auch wir stießen auf das neue Jahr an. Es folgte am Himmel der Höhepunkt der pyrotechnischen Kunst.

Alles hätte so schön sein können, doch meine Schmerzen hielten sich zum Jahresbeginn auf einem hohen Level. Vor dem Schlafengehen nahm ich erneut Schmerzmittel. Die reguläre Dosis hatte ich bereits deutlich überschritten. Die Nacht war trotzdem sehr kurz. Der Schmerz hatte mich fest im Griff. Ich wusste nicht mehr, wie ich mich hinlegen sollte, und so wälzte ich mich von der einen Seite auf die andere. Am nächsten Morgen wachte ich wie gerädert auf. Ich musste vor lauter Müdigkeit doch kurz eingeschlafen sein.

Zusammen mit meiner Ehefrau und meinem Freund ließen wir den Tag beim Neujahrsfrühstück gut angehen mit frischen Brötchen, Marmelade, Wurst und Käse – garniert mit Dauerschmerzen. Anschließend machte ich mich im Bad fertig und dann geschah es, das Unglaubliche, am 1. Januar 2016: Nach dem Haareföhnen konnte ich das Stromkabel nicht, wie sonst, um die Föhnhalterung wickeln. Die linke Hand, die den Föhn hielt, kippte ganz langsam weg. Ich konnte es gar nicht glauben und versuchte es erneut. Wieder klappte die Hand weg. Der körperliche Dauerschmerz und die einsetzende Kraftlosigkeit setzten mir erheblich zu. Ich sank heulend zu Boden. Ich konnte nicht mehr! Es war zu viel für mich!

Etliche Minuten später fing ich mich wieder und mir wurde jetzt klar, dass es ohne ärztliche Hilfe nicht mehr ging. Nach kurzer Abstimmung mit meiner Frau entschied ich mich, mit dem abstrusen Krankheitsbild die Notaufnahme des Krankenhauses aufzusuchen. Ich rechnete jedoch nicht mit einer stationären Aufnahme. Eine Stunde später fuhr mich mein Freund dankenswerterweise nach Nürnberg und direkt vor die Eingangstür der Klinik. Da waren wir nun: das Trio Infernale! Mein Arm, der Schmerz und ich.

Hereinspaziert und herzlich willkommen in der Notaufnahme, die feiertagsbedingt aus allen Nähten platzte. Gesundes neues Jahr! Es war exakt 14:00 Uhr und so wartete ich nach kurzer Anmeldung geduldig. Hauptsache, es wird mir geholfen.

Im Warteraum ist mir dann eine für mich besondere Szene im Kopf hängengeblieben. Kurz nachdem ich Platz genommen hatte, kam ein Vater mit seinem kleinen Kind, ungefähr 5 Jahre alt, in die Notaufnahme. Der Vater wirkte sehr gefasst, sein Sohn auch, wobei der Kleine eher leicht geschockt aussah. Sein Handgelenk war um den Daumen herum mit einem notdürftigen Mullbindenverband versehen. Der weiße Verband verfärbte sich jedoch an einer Stelle dunkelrot und es war zu erahnen, wie es dem Kind ging. Der Junge saß die ganze Zeit still auf dem Schoß des Vaters und starrte ins Nichts. Obwohl ich selbst mit heftigen Schmerzen zu kämpfen hatte und eher mit mir beschäftigt war, tat mir der Kleine aufrichtig leid.

Ich hoffte, dass er gleich untersucht werden würde und dass es ihm schnell besser ging. Ich saß da und mich überkam ein spontanes Gebet: „Herr, bitte lass den kleinen Jungen schnell wieder gesund werden. Ich übernehme auch gerne sein Leid. Amen!“ Eine folgenschwere Bitte, wie sich noch herausstellen sollte.

Nach einer schier unendlich langen Zeit hörte ich endlich meinen Namen über den Gang hallen – „Herr Wiermann?“ Jetzt wird mir geholfen, da war ich mir sicher! Es folgte zuerst ein Arztgespräch, in dem ich die unerklärliche Symptomatik schilderte, von meinen Schmerzen und dem schleichenden Kraftverlust in der linken Hand. Anschließend wurde Blutdruck gemessen. 170 zu 130 – ein absonderlich schlechter Wert, wohl ein Produkt aus Angst vor der Situation, den Ärzten, Ungewissheit und den Dauerschmerzen. Danach folgte eine Schädel-CT-Aufnahme, die keine Auffälligkeiten zeigte. Zumindest konnte die Diagnose Schlaganfall ausgeschlossen werden. Danach wurde mir eine Unmenge an Blut abgenommen. Dazwischen endloses Warten! Der Arzt erklärte mir dann im Anschluss, dass man leider immer noch nicht sagen könnte, woher meine Symptome herrühren. Als Nächstes sollte eine Lumbalpunktion erfolgen. Ich hatte Respekt vor dieser Untersuchung, allerdings hatte ich schmerztechnisch einen Punkt erreicht, an dem ich zu allem bereit war, Hauptsache, mir wäre damit geholfen. Bei der Untersuchung wird zuerst die Einstichstelle am Rücken lokal betäubt und anschließend mit einer langen Nadel zwischen die Wirbelkörper gestochen, um dann Nervenwasser zu entnehmen. Neben einem leichten Schmerz empfand ich ein unangenehm drückendes Gefühl auf der Blase. Die erste Punktion entpuppte sich leider als Fehlversuch. Die Probe war mit Blut verunreinigt und dadurch unbrauchbar. Na toll, dachte ich, und erinnerte mich sofort an den kleinen Jungen in der Notaufnahme – hier sollte ich also büßen.

Die zweite Nadel lag besser und so konnte eine saubere Abnahme des Nervenwassers erfolgen. Und wieder wartete ich auf das Ergebnis. Nach einer gefühlten Ewigkeit verkündete mir der Arzt endlich das Resultat: Es war alles in Ordnung, das hieß, auch Borreliose konnte ausgeschlossen werden! Aufgrund des unklaren Krankheitsbildes, der weiter andauernden Schmerzen und der vorhandenen Kraftlosigkeit sollte ich für zusätzliche Untersuchungen ein paar Tage stationär aufgenommen werden. Es sollte mein erster Krankenhausaufenthalt nach meiner Geburt werden! Ich war schwer begeistert!

Das war für mich kein leichter Weg! Die Erkenntnis zum Handeln ist bei mir nicht sofort da gewesen, sondern es war ein längerer Prozess. Erst durch die heftigen Erfahrungen und durch meine Einsicht konnte ich sie gewinnen. Im Nachhinein betrachtet, hatte ich zum richtigen Zeitpunkt die für mich richtige Entscheidung getroffen. Erst jetzt war das scheinbare Ausmaß meiner Erkrankung für mich fühlbar. Doch nur durch die Akzeptanz der Gegebenheiten konnte ich einen Schritt weitergehen und die Notaufnahme aufsuchen. Trotz der Schmerzen hat mich das reichlich Überwindung gekostet.

KAPITEL 7

Krankenhausaufenthalt

Nach einer Weile wurde ich in der Notaufnahme abgeholt und auf die zuständige Krankenstation gebracht – die Neurologie. Verstanden hatte ich das noch immer nicht ganz.

Als ich auf der Station ankam, hatte ich eine Begegnung der dritten Art. Die Krankenschwester begrüßte mich freudestrahlend und mit offenen, ausgebreiteten Armen: „Ach da ist ja der Herr Wiermann! Herzlich willkommen auf unserer Station! Wir haben das Zimmer schon für sie vorbereitet." Die „Erscheinung" war engelsgleich! Es war für mich einfach eine surreale Situation. Geschockt von der schier endlosen Warterei in der Notaufnahme und den dominanten Schmerzen hatte ich solch einen herzlichen Empfang nicht erwartet.

Im Zimmer angekommen, war ich froh, dass ich für den Notfall doch Wechselkleidung und Kosmetikartikel mitgenommen hatte. Mein Zimmernachbar schlief bereits. Kein Wunder, denn es war 22:00 Uhr. Die Nacht schlug ich mir wie gewohnt um die Ohren, da die Schmerzen und obendrein das ohrenbetäubende Schnarchen des Nachbars mir den Schlaf raubten.

An den nächsten beiden Tagen fanden keine Untersuchungen statt. Klar, es war Wochenende. Dafür kam ich in den Genuss eines

Venenkatheters, über den ich entsprechende Medikation zur Bekämpfung der Schmerzen bekam. Leider nur mit mäßigem Erfolg. Die Zeit verging durch meinen Zimmerleidensgenossen relativ schnell, denn wir hatten viele gemeinsame Themen gefunden und unterhielten uns prächtig.

Die neue Woche begann mit einer großen Visite und einem darauf folgenden Untersuchungsmarathon. Zuerst wurden die Nerven mittels EMG überprüft. Bei dieser Methodik werden mit feinen Nadeln ausgewählte Nervenpunkte angestochen und die Nervenleitgeschwindigkeit gemessen. Das machte keinen Spaß, denn es war unangenehm und schmerzhaft! Die Messungen zeigten bereits erste neurologische Schädigungen.

Wirklich kein Spaß war die danach anstehende Leitungsblockdiagnostik. Das war für mich der blanke Horror und ich durfte in Ansätzen erfahren, wie sich wohl ein Todeskandidat auf dem elektrischen Stuhl fühlen musste – zumindest in Auszügen. Mein Kopf wurde mehrfach verkabelt und durch gezielte Stromstöße an verschiedenen Körperpositionen wurde die Fließgeschwindigkeit gemessen, um das Vorliegen eines Leitungsblocks auszuschließen. Mein ganzer Körper zuckte bei der jeweiligen Stromgabe! Ich war heilfroh, nachdem diese Untersuchung beendet wurde. Der spätere Nervenultraschall war dagegen deutlich angenehmer. Beide Messungen zeigten die neurologischen Schädigungen und eine Entzündung des Radialisnervs. Die Ursache war aber immer noch nicht bekannt. Also ab ins MRT!

Etwas mulmig war mir wegen der bevorstehenden Enge des Untersuchungsgerätes. Bei der Magnetresonanztomografie wird der menschliche Körper in eine Röhre geschoben und dabei werden Schichtaufnahmen gemacht. Nachdem die Ärzte einen

Bandscheibenvorfall ausschließen wollten, sollte die Region der Halswirbelsäule genauer betrachtet werden. Kurze Kontrastmittelgabe, Fixierung des Kopfes, Kopfhörer auf und hinein in die enge Röhre. Aus den Lautsprechern spielte dezente Musik – ich wusste auch schnell warum! Nachdem der Scanvorgang anfing, war ohrenbetäubender Lärm zu hören. Ich hatte einmal gelesen, dass man sich vorstellen sollte, dass man auf einem Techno-Konzert ist. Bum! Bum! Bum! Nach ungefähr einer Stunde hatte sich die Baseline des MRTs in meinen Kopf gehämmert. Ich war froh, dass ich diesen Ort der Enge verlassen konnte. Das Untersuchungsergebnis sollte ich am nächsten Tag erhalten. Den restlichen Tag verbrachte ich bei guten Gesprächen mit meinem Mitleidensgenossen im Zimmer bei stetiger Schmerztropfengabe über die Infusionsnadel und weiter andauernden Schmerzen.

Am nächsten Tag wurde mir bei der Visite mitgeteilt, dass auch die HWS-Bildaufnahmen keine neuen Anhaltspunkte lieferten. Es wurde aber ein Knoten an der Schilddrüse entdeckt, welcher mir allerdings seit 2003 bekannt war und in den vergangenen Jahren regelmäßig untersucht wurde. Für mich und die Ärzte somit kein Grund zur Beunruhigung.

Die Bilder im Nervenultraschall hatten jedoch gezeigt, dass die Schmerzen aus einer Nervenentzündung insbesondere im linken Oberarm resultierten. Es sollte ein weiteres MRT durchgeführt werden – diesmal vom besagten linken Oberarm. Nach knapp einer Stunde Techno-Musik im MRT ging es gleich zur nächsten Untersuchung: zur Sonografie der Schilddrüse. Nicht wirklich überraschend wurde hier der Knoten bestätigt und zur Abklärung eine Szintigrafie der Schilddrüse empfohlen. Gut, denn das wollte ich im Rahmen meines normalen Kontrollturnus sowieso durchführen lassen.

Ein Hoffnungsschimmer keimte dann am Nachmittag auf. Zur Bekämpfung der Entzündung wurde mit der Therapie im Rahmen einer fünftägigen Immunglobulingabe begonnen. Es handelte sich um ein Präparat mit Antikörpern, welches insbesondere bei neurologischen Erkrankungen häufig eingesetzt wird. Erschreckend, dass diese Behandlung in etwa so viel wie ein kleiner VW Lupo kostete. Und so liefen den ganzen Tag neben den Schmerzmitteln auch noch die Immunglobulininfusionen durch meine Venen. Doch es keimte Hoffnung bei mir auf.

Mein Zimmernachbar durfte inzwischen wieder nach Hause. Es ging ihm besser. Das freute mich, jedoch vermisste ich unsere kurzweiligen Gespräche.

Am nächsten Tag war Feiertag und es geschah nichts, denn Untersuchungen standen keine an. Dafür freute ich mich über Besuch von Freunden und einer Arbeitskollegin, die mich vom Krankenhausalltag ablenkten. Das tat mir sehr gut!

Nachdem ich abends wieder alleine war, überkam es mich aus heiterem Himmel. Nach der Abendvisite der Schwestern kehrte Stille ein. Mein Blick klebte starr an der weißen Zimmerwand und im Kopf spielten sich die wildesten Szenarien ab. Die Ungewissheit über meinen Gesundheitszustand war erdrückend. Heulend brach ich über meiner Last zusammen. Es war mir alles zu viel. Der stetige Schmerz wurde trotz Schmerztropfer nicht weniger. Der Kraftverlust in der linken Hand nahm weiter zu und die Ärzte hatten die Ursache noch nicht gefunden. Ich konnte nicht mehr und ließ die Tränen einfach laufen.

Bereits im Kindesalter wurde mir vermittelt, dass ich nicht weinen soll. Doch warum nicht? Weinen hat durchaus positive Aspekte. Durch die Tränen wird ein Ventil für unsere Gefühle geöffnet. Weinen kann somit erlösend und befreiend sein. Eine Art Katalysator für die Seele.

Ich habe während meiner Erkrankung in Momenten des Schmerzes, der Angst und der Verzweiflung dieses Ventil unbewusst geöffnet. Hierdurch konnte ich Druck ablassen. Anschließend fokussierte ich mich neu und blickte vollen Mutes in die Zukunft.

Ventil auf – Gefühle raus – Fokus neu ausrichten.

KAPITEL 8

Nach Regen kommt?

Nach dem Feiertag gingen die Ärzte weiter auf Ursachensuche und so führte mich der Weg erneut ins MRT. Diesmal wurde die Region der Lendenwirbelsäule betrachtet. Das Prozedere kannte ich bereits und ließ es wie gewohnt über mich ergehen: Kontrastmittelgabe, 45 Minuten regungslos in der beengten Röhre liegen, Technomusik und banges Warten auf das Ergebnis.

Bei der nächsten Visite wurde mir erklärt, dass auch die Aufnahmen der Lendenwirbelsäule keine Auffälligkeiten zeigten. Grundsätzlich war das Resultat ja positiv, doch der Grund für die Nervenentzündung wurde weiterhin nicht festgestellt. Gerade diese Unwissenheit belastete mich. Dafür musste ich den Ärzten neue Veränderungen mitteilen: Mir war zwischenzeitlich aufgefallen, dass ich im Laufe des Krankenhausaufenthaltes auch einen Kraftverlust in der rechten Hand erlitten hatte. Bemerkt hatte ich es bei einer tagtäglichen Bewegung: Ich konnte mein Handy nicht mehr wie gewohnt mit dem Zeigefinger der rechten Hand ausschalten. Der Zeigefinger hatte hierzu keine Kraft und knickte ein. Außerdem zeigte sich ein Kraftverlust im Daumen der rechten Hand und auf beiden Handrücken stellte sich ein Taubheitsgefühl ein. Diese Entwicklung war nicht nur für mich besorgniserregend, sondern auch für die Ärzte.

Ich wurde gefragt, ob ich denn auch schon Ausfallerscheinungen in den Beinen verspürte. Eine beängstigende Frage, die ich glücklicherweise noch mit einem deutlichen Nein beantworten konnte. Trotzdem sollte ich darauf ein besonderes Augenmerk legen und bei weiteren Veränderungen sofort Rückmeldung geben. Sonderlich beruhigend war diese Aussage nicht, wenn auch verständlich. Ohne Auftrag schaltete sich mein Gehirn ein und malte weitere Horrorszenarien aus. Wie sollte es weitergehen? Das Kopfkino war nicht auszuhalten.

Die Schmerzen waren inzwischen am Höhepunkt angekommen und so liefen täglich bis zu 7 Infusionen mit Schmerzmitteln durch meine Venen. Ergänzend bekam ich Mittel in Tablettenform. Trotzdem konnte damit der Schmerz nur gemildert, jedoch nicht vollständig ausgeschaltet werden. Ich biss auf die Zähne, denn ich wollte nicht noch mehr Schmerzmittel meinem Körper zuführen lassen. Zudem musste leider der venöse Zugang alle 2–4 Tage neu gelegt werden und so sah man an beiden Armen und den Handrücken die Einstichmerkmale nebst Blutergüssen – ein Farbenspiel in sämtlichen Blau-, Lila- und Gelbtönen.

Am nächsten Morgen standen weitere Untersuchungen an. Es wurde eine Neurosonografie des rechten Oberarms und darüber hinaus Messungen der Nervenleitgeschwindigkeit an beiden Armen durchgeführt. Die Ergebnisse waren für mich erschreckend, in der Nachbetrachtung aber auch nicht wirklich überraschend. Die voranschreitende Nervenschädigung wurde deutlich nachgewiesen, was sich auch in der Verschlechterung meiner motorischen Fähigkeiten in den Händen zeigte. Bei den ersten Messungen konnte noch eine leichte Aktivität festgestellt werden, die jetzt bei den späteren Messungen nicht mehr vorhanden war. Ein Totalausfall der linken

Hand! Zusätzlich wurde für die rechte Hand eine Schädigung des Medianusnervs diagnostiziert. Ich war fassungslos!

Ich versuchte, mit der Situation klarzukommen und sie anzunehmen, was mir in den folgenden Tagen nicht immer gelang. In den ruhigeren Phasen ohne Untersuchungen oder Besuch kam ich zu mir und brach dann unter der erdrückenden Last zusammen. Ich musste unweigerlich feststellen, dass die Funktionen meiner linken Hand nicht mehr existent waren. Sie glich jetzt der Hand eines Schlaganfallpatienten. Die Hand hing ohne Regung nach unten. Ich konnte nichts mit ihr anfangen. Und die eigentliche Ursache war nach wie vor niemandem klar. Es kamen in mir dann beängstigende Fragen auf. Fragen wie: Wie soll mein Leben weitergehen? Was wird aus meiner Arbeitsstelle? Wie soll ich meine Familie ernähren, wenn diese Einschränkungen bleiben sollten? Das Tal der Tränen öffnete sich. Am nervlichen Tiefpunkt schloss ich dann einen Pakt mit mir selbst: **Aufgeben ist keine Option!**

Ich musste die Situation annehmen, so wie sie ist, denn ich konnte die Gegebenheiten ja nicht ändern. Die Einschränkungen waren leider da, das brauchte ich mir nicht schönreden. Ich machte mir klar, dass alles Negative auch etwas Gutes haben muss, auch wenn ich es noch nicht erkennen konnte. Mir fiel es in dem Moment unglaublich schwer, meine aktuelle Situation als Chance zu sehen. Aber ich sah keinen anderen Ausweg, um aus dem tiefen Loch herauszukommen. Und dieser Denkansatz sollte mich trotz weiter anstehender Rückschläge bestätigen. Denn Aufgeben ist **nie** eine Option!

Ich nahm den Kampf wieder auf. In den nächsten Tagen folgten zusätzliche Untersuchungen wie Röntgenaufnahmen des Brustkorbs, Sonografie der Organe Herz, Leber und Milz. Zudem wurden weitere, umfassende Blutuntersuchungen durchgeführt, welche auch für ein spezielles Untersuchungsverfahren in die Schweiz geschickt wurden. Alles ohne Befund!

Die Immunglobulingabe wurde nach 5 Tagen eingestellt, nachdem es zu keiner Verbesserung gekommen war. Nein, es kam eher zu einer Verschlechterung meines Gesundheitszustandes, da die motorischen Ausfälle sich ausweiteten. Dabei setzte ich doch meine ganzen Hoffnungen in dieses Therapieverfahren. Die Zukunfts- und Existenzängste waren in der Phase sehr ausgeprägt. Ich hatte große Angst und wusste nicht, wie es weitergeht.

Die Medikation wurde schließlich umgestellt. Zur weiteren Behandlung der Nervenentzündung folgte in den nächsten 5 Tagen eine hoch dosierte Kortisontherapie mit jeweils 1 g Prednisolon täglich. Ich ließ mich trotz der Nebenwirkungen darauf ein. Doch diese Therapie sollte im Folgenden einen Wendepunkt darstellen, denn es kam ab dem Tag zu keinen weiteren Verschlechterungen und die Schmerzen gingen langsam zurück. Dieser Stillstand war ein großer Fortschritt!

Nach insgesamt 15 Tagen durfte ich in Absprache mit den Ärzten das Krankenhaus endlich verlassen, denn es wurden alle erdenklichen Untersuchungen durchgeführt. Die Schmerzen in den Oberarmen hatten deutlich nachgelassen und waren im Ruhezustand kaum noch spürbar. Mein gesundheitlicher Zustand blieb stabil. Eigentlich alles ein Grund zur Freude. Nur die Ursache für die Erkrankung war trotz wirklich umfassender Untersuchungen weiterhin unklar. Immerhin wurden Diagnosen wie Multiple Sklerose (MS), Amyotrophe Lateralsklerose (ALS) und Guillain-Barré-Syndrom (GBS) ausgeschlossen. Ich freute mich über die kleinen Dinge des Lebens: den Rückgang der Schmerzen und keine dazukommenden Einschränkungen.

Ich hatte gerade die Taschen gepackt, da klopfte eine Krankenschwester an meine Tür. Spontan sollte eine Szintigrafie der Schilddrüse durchgeführt werden. Mich drängte es jedoch nur noch heim und ich sagte dankend ab. Die Untersuchung wollte ich zu einem späteren Zeitpunkt bei meinem Radiologen durchführen lassen. Jetzt erst mal raus hier und ab nach Hause!

Ich wurde entlassen mit der vielsagenden Diagnose Mononeuritis multiplex bei Verdacht auf immunvermittelte Genese, einem 10-seitigen Arztbrief und einer Verordnung von 8 verschiedenen Medikamenten.

Überaus glücklich war ich, als meine Ehefrau mich am 15. Januar 2016 abholte. Endlich raus aus dem Krankenhausalltag und hinein in das Leben. Zumindest nach Hause und zurück zur Familie, zu meinen Kindern. An einen echten Alltag war vorerst nicht zu denken. Durch die Fallhand war mir die Aufnahme meiner Arbeitstätigkeit nicht möglich. Die Zukunft war ungewiss. Doch der nächste Schritt stand schon fest! Zur Verbesserung meiner motorischen Fähigkeiten wurde bereits im Krankenhaus eine ambulante Rehabilitationsmaßnahme beantragt. Voll motiviert ging ich die Sache an. Schließlich war der Plan, nach der Reha meinen Beruf wieder auszuüben und vollständig wiederhergestellt zu sein. Nach dem Regen kommt auch wieder Sonnenschein!

Es war für mich nicht einfach, den Weg der Klarheit zu finden. Die Lage erschien zuerst aussichtslos. Doch anstatt im endlosen Selbstmitleid zu versinken, nahm ich die Situation an. Durch die Akzeptanz ging ich viel positiver und befreiter damit um. Die Veränderung meiner Denkweise war entscheidend für den Umgang mit der Krankheit und dem künftigen Lebensweg. Mit einer optimistischen Einstellung war ich in der Lage, alles zu schaffen.

Wie gehst du mit schwierigen Lebenssituation um? Wie steht es da mit deiner Klarheit? Welche Faktoren unterstützen dich dann auf deinem Weg?

KAPITEL 9

Hoffnungsschimmer Reha

Der Tag der Krankenhausentlassung hätte nicht günstiger fallen können. Am nächsten Tag hatte ich ein Tagesseminar zum Thema Persönlichkeitsentwicklung, welches ich vor längerer Zeit gebucht hatte. Dieses Themenfeld hatte ich ca. 2 Jahre vor der Erkrankung aufgegriffen und investierte in regelmäßigen Abständen etwas in meine Weiterbildung. Ich persönlich finde es sehr wichtig, dass man sich hierfür Zeit nimmt, um sich selbst und diverse Thematiken neu zu hinterfragen, die zwar tagtäglich um uns herum sind, aber die manche einfach nur ungefiltert hinnehmen.

Der Titel des Vortrags lautete „Lebe dein Potential! In dir steckt mehr!" und wurde von Jürgen Zwickel gehalten. Es war für mich nicht das erste Seminar dieser Art, daher kannte ich zahlreiche Denkansätze. Nachdem ich aber auf einem höheren Level einstieg, brachte mir alleine der Wiederholungseffekt viel. Außerdem war immer etwas Neues dabei. Persönliches Wachstum war für mich somit auf der Veranstaltung garantiert. Diesmal sprach eine Gastrednerin, die mich durch ihre Erzählungen beeindruckte und in den Bann zog. Die junge Frau erzählte von ihrem Beruf, in dem sie sich nicht glücklich fühlte. Durch eine Darmkrebserkrankung wurde sie völlig aus der Bahn geworfen und ihr Leben veränderte sich von heute auf morgen.

Sie referierte darüber, wie wichtig es ist, insbesondere in schweren Krankheitsphasen große Ziele zu verfolgen. Sie wurde nach einem längeren Kampf wieder gesund, reiste nach Australien und veränderte sich beruflich. Wow! Bei der Erzählung hatte ich Gänsehaut. Gut, dass ich „nur" an einer Nervenentzündung erkrankt war. Was ist das schon im Vergleich zu der vernichtenden Diagnose Krebs?

Insgesamt erlebte ich einen tollen Seminartag. Ich merkte jedoch, dass die verabreichten Medikamente der letzten Tage mir stark zu schaffen machten. Letztlich war ich froh, als ich zu später Stunde völlig fertig zu Hause ankam und geschafft in mein Bett sank.

Eine Woche später begann die ersehnte Rehabilitation. Ab jetzt müsste es aufwärts gehen! Die Maßnahme war vorerst für vier Wochen angesetzt. Ich entschied mich bewusst für eine ambulante Reha, um abends bei meiner Familie sein zu können. Zudem hatte die Klinik einen guten Ruf und war mit den öffentlichen Verkehrsmitteln bequem zu erreichen. Den kurzen Weg von der Bushaltestelle zum Rehazentrum lief ich zu Fuß und hatte damit eine zusätzliche sportliche Betätigung. Am Eingang angekommen, schnaufte ich noch einmal durch und ging voller Hoffnung hinein. Ich hatte große Erwartungen an die Rehabilitation.

Die ersten Tage waren ungewohnt. Alles war neu und ich musste mich erst mit den Gepflogenheiten vertraut machen. Doch schon bald gewöhnte ich mich ein und sah den Rehatag wie einen normalen Arbeitstag an, der variabel in der Zeit von 8:00 Uhr bis 11:00 Uhr begann und je nach Wartezeiten zwischen den Behandlungseinheiten ca. 5–6 Stunden dauerte. In dieser Zeit wurde ich umfassend therapeutisch umsorgt mit vielschichtigen Themengebieten. Maßnahmen wie Ergotherapie, Krankengymnastik und medizinische Trainingstherapie sollten zu einer Verbesserung meiner motorischen

Fähigkeiten führen. Durch die unterschiedlichen Therapeuten und Methoden lernte ich viele Behandlungsansätze kennen. Die ganze Materie interessierte mich und so kam es, dass ich mich innerhalb kürzester Zeit wie ein Auszubildender fühlte. Nur leider mit dem traurigen Unterschied, dass ich der betroffene Patient war.

Am beeindruckendsten war die Spiegeltherapie, welche ich in der Ergotherapie kennenlernen durfte. Bei dieser Methode wurde ein Spiegel zwischen meinen beiden Armen aufgestellt. Der Blick ging bei mir auf die linke Seite in den Spiegel und ich sah meine rechte Hand. Durch die aktive Bewegung der Hand sah ich, wie sich spiegelbildlich die vermeintlich linke Hand bewegte. Durch das simultane Eingreifen der Therapeutin dachte ich phasenweise, dass ich die linke Hand tatsächlich bewegen könnte. Eine beeindruckende Methode, bei der sich viel in meinem Kopf abspielte, um die neuronalen Netze zu verbinden.

Mit Bausteinen wie der psychologischen Beratung, der Ernährungsberatung, der Laufgruppe, der Handwerksgruppe und der progressiven Muskelentspannung erfolgte die Behandlung auf ganzheitlicher Ebene. Die Zielsetzung war, dass ich nach Beendigung der Reha in sämtlichen Lebensbereichen gestärkt bin, um möglichst keinen Rückfall zu erleiden. Insgesamt konnte ich einige interessante Ansätze mitnehmen. Doch es war auch nicht alles ausnahmslos schön! Den negativen Höhepunkt hatte ich nach einer Sozialberatung erreicht, nachdem mir die Sozialarbeiterin die Empfehlung aussprach, einen Antrag auf Schwerbehinderung zu stellen. Ich war geschockt und empört. Schließlich hatte ich nur eine Erkrankung auf temporäre Dauer und die Einschränkungen waren ja auch nur minimal, versuchte ich mich herauszureden. Ich wollte es zumindest nicht wahrhaben. Bei so einer Lappalie werde ich keine

Schwerbehinderung beantragen, dachte ich und ärgerte mich über die Sozialarbeiterin.

Ein weiterer Baustein bestand aus Gruppenarbeiten, wie der Neurogruppe, der Krankheitsbewältigungsgruppe oder der Handfunktionsgruppe. Neben den sozialen Aspekten sah ich, dass ich nicht alleine mit meiner Erkrankung war, auch wenn die Erkrankungsbilder sich unterschieden. Zudem war ein konstruktiver Austausch unter Gleichgesinnten möglich.

Einmal pro Woche wurden der Gesundheitszustand und der Rehabilitationsfortschritt durch einen Neurologen festgestellt. Es verging Woche um Woche und es gab bei mir keine Veränderung. Die Fallhand regte sich nicht. Es wurde mir der Kraftgrad 0 (= vollständige Lähmung) von 5 bescheinigt. Immerhin blieb ich psychisch stabil, was wegen des Krankheitsverlaufs nicht selbstverständlich war.

Der Neurologe ging fest davon aus, dass sich bald Verbesserungen zeigen würden, und verlängerte die Reha um zwei Wochen. Mit jeder weiteren Woche fühlte ich mich zwar besser, jedoch trat keine Gesundung ein. Die Maßnahme wurde anschließend um weitere 14 Tage verlängert. Nach insgesamt 8 Wochen wurde die Rehabilitation seitens des Arztes beendet und ich als nicht arbeitsfähig eingestuft entlassen. Der Neurologe hatte keine andere Wahl, nachdem sich keine positiven Veränderungen einstellten. Das musste ich mir auch selbst eingestehen, dass eine Fortführung wenig Sinn machte. Doch die Enttäuschung saß tief. Es blieben viele Fragen offen! Wie soll es weitergehen? Was bzw. wer kann mir weiterhelfen? Um dies zu klären, wurde ich vom Rehaarzt zur weiteren Begutachtung an ein ambulantes Behandlungszentrum verwiesen.

Die Rehabilitation war insgesamt eine schöne Zeit, in der ich viel lernen durfte und tolle Menschen kennengelernt habe. Trotzdem konnte ich nicht zufrieden sein. Ich hatte mir eine Menge von der Maßnahme versprochen und dann musste ich diese erfolglos beenden. Das war hart. Aber ich war dankbar, weil ich außer bei Streckbewegungen keine Schmerzen mehr hatte!

Geistige Nahrung schadet nie! Durch die Teilnahme an Seminaren zur Persönlichkeitsentwicklung hatte ich mir eine gewisse innere Stärke zugelegt, mich intensiv mit meinen Werten beschäftigt, eine Lebensmission entwickelt und ein Vision Board erstellt. Gleichzeitig stiegen die drei großen Selbst-Faktoren: Selbst-Vertrauen, Selbst-Bestimmung und Selbst-Wert. Das sind alles wichtige Attribute im Leben, insbesondere im Krankheitsfall.

Diese Stärke wurde mir jetzt zunutze, denn ich verharrte nicht in Lethargie, sondern ich ging trotz aller Widrigkeiten gefestigt meinen Weg weiter und suchte nach Möglichkeiten.

Wie stehst du dem Thema Persönlichkeitsentwicklung gegenüber? Investierst du in deine eigene Bildung? Wie ausgeprägt sind deine drei Selbst-Faktoren?

KAPITEL 10

Zurück in die Klinik

Einige Tage später nahm ich mit gemischten Gefühlen den vereinbarten Termin im ambulanten Behandlungszentrum wahr. Der zuständige Neurologe war bereits bestens über meinen Fall informiert. Er wollte sich dennoch ein eigenes Bild von mir machen und führte etliche Tests durch. Insgesamt sah er die Gegebenheiten sehr ernüchternd, denn es gab keine Anzeichen oder Reaktionen, die auf eine Besserung hindeuten würden. Auch ich machte mir immer mehr Sorgen. Zur weiteren Abstimmung wollte er mit der zuständigen neurologischen Klinik Rücksprache halten. Am nächsten Morgen erhielt ich von ihm einen Anruf, dass ich mich wieder im Krankenhaus auf der Neurologie vorstellen sollte. Ich war schwer begeistert, wusste aber auch, dass es nur so weitergehen konnte.

Nachdem ich in der Vergangenheit meinen Arbeitgeber in monatlichen Abständen über die Krankheit informierte, vertröstete ich ihn diesmal auf Mitte des Jahres, da ich mittlerweile selbst kein kurzfristiges Ende der Krankheitsphase erkennen konnte. Ich erfuhr seitens der Vorgesetzten viel Verständnis und Rückhalt – ich sollte mich auf meine Gesundung konzentrieren, der Arbeitsplatz würde mir freigehalten und alles andere wäre vorerst nebensächlich. Diese Aussagen nahmen mir den Druck, gaben mir Ruhe und damit Kraft.

Ende März rückte ich wieder in die Klinik ein. Nach einem Vorgespräch mit einer neuen, für mich zuständigen Oberärztin wurden neue Untersuchungen durchgeführt. Bei der Gelegenheit fragte ich höflich nach, ob die ausstehende Szintigrafie der Schilddrüse während des Krankenhausaufenthaltes erfolgen könnte. Ich hatte es nämlich in der Zwischenzeit noch nicht geschafft, einen regulären Termin bei meinem Radiologen hierfür zu vereinbaren. Glücklicherweise schob sie trotz vollen Kalenders den Termin für mich ein.

Doch keine Bitte ohne Gegenbitte. Die Ärztin wollte das Untersuchungsergebnis der vergangenen Liquordiagnostik verifizieren und bat mich, eine nochmalige Punktion durchführen zu dürfen, um der Ursache auf die Spur zu kommen und dann neue Behandlungsansätze zu finden. Natürlich willigte ich ein. Die Punktion war unangenehm und das Ergebnis erneut frustrierend: ohne Befund! Die Ursachenforschung ging damit in die nächste Runde. Die nachfolgenden neurologischen Untersuchungen kannte ich vom Prozedere auch bereits, wie die Messung der Nervenleitgeschwindigkeit, Leitungsblockdiagnostik und Neurosonografie. Zudem kam ich erneut in den Genuss von zwei MRT-Untersuchungen. Diesmal sollten der Kopf und zur Kontrolle die Halswirbelsäule betrachtet werden. Die Aufnahmen waren ebenfalls ohne aufschlussreichen Befund.

Die Besprechung der Untersuchungsergebnisse im Anschluss war eine Mischung aus bereits bekannten und schockierenden Fakten. Die Nervenentzündung hatte nachhaltig die Funktionen, insbesondere im Bereich des linken Radialisnervs, gestört. Neben den nicht mehr vorhandenen motorischen Fähigkeiten konnten auch sonst keine bewussten Nervenströme gemessen werden. Lediglich Spontanaktivitäten waren existent, die leider nur darauf hindeuteten, dass keine bewusste Ansteuerung der Muskeln möglich war.

Hierdurch kam es zum Muskelabbau, der jetzt deutlich zu sehen war. Mein linker Arm war sichtlich dünner als der rechte und der linke Handrücken zeigte strukturelle Gewebeveränderungen. Weitere Erkenntnisse hätten sich aus einer möglichen Nervenbiopsie ergeben können, welche ich vor allem wegen der daraus resultierenden Teilschädigung des Radialisnervs nicht durchführen lassen wollte.

Auch die Schilddrüsenszintigrafie wurde durchgeführt und die Aufnahmen zeigten den bekannten kalten Knoten in einer mittleren Größe. Im Vergleich zu den vorherigen Bildern, die vor zwei Jahren erstellt wurden, war ein geringes Wachstum erkennbar, welches sich im Millimeterbereich bewegte und nicht besorgniserregend war.

Aufgrund des stetigen Zuwachses und seiner vorhandenen Größe wurde mir von der Oberärztin empfohlen, diesen Knoten entfernen zu lassen. Zudem gab mir die Ärztin den Hinweis, dass bei bösartigen Tumoren der Schilddrüse eine paraneoplastische Reaktion ausgelöst werden könnte, die eventuell eine Autoimmunreaktion des Körpers zur Folge hätte, die dann wiederum zu einer Nervenentzündung führen könnte. Uff, das saß. Sie nahm mir aber auch im nächsten Atemzug die Ängste wieder, denn für einen bösartigen Tumor fehlten die Indikatoren. Die Bilder aus diversen Aufnahmen sahen normal aus, der Tumormarker im Blut war negativ, die Schilddrüsenwerte alle im Normbereich, das Wachstum erfolgte nicht explosionsartig und außerdem war diese Form der Erkrankung äußerst selten. Die Aussage beruhigte mich!

Ich entschloss mich trotzdem zu einer Operation, da der Knoten wohl sowieso irgendwann entfernt werden sollte und die Gelegenheit günstig war. Ich war ja ohnehin krankgeschrieben. Außerdem würde es sicherlich meinen Arbeitgeber nicht erfreuen, wenn ich nach der hoffentlich baldigen Gesundung gleich wieder ausfallen würde. Den Operationstermin vereinbarte ich für Mitte April. Nach erfolgter Operation sollte ich mich telefonisch mit der Oberärztin in Verbindung setzen, um das weitere Vorgehen zu besprechen.

Mit Unterstützung der Ärztin und des Sozialdienstes wurde noch im Krankenhaus eine zweite Rehabilitationsmaßnahme beantragt, damit es zu keinen Versteifungen der Hand kommt und um die natürlichen Handfunktionen zu trainieren. Die Herkunft der Nervenentzündung war für mich erst mal zweitrangig, denn die Wiederherstellung meiner motorischen Fähigkeiten stand an erster Stelle. Und hierfür war die Beantragung der Reha grundsätzlich die richtige Vorgehensweise. Diese Entscheidung sollte sich aber später als großer Fehler herausstellen.

Einstweilen stellte ich mein eigenes Rehaprogramm auf die Beine. Ich machte Krankengymnastik, Ergotherapie und medizinische Trainingstherapie. Zusätzlich ging ich zum Osteopathen und zum Heilpraktiker. Ich wollte top vorbereitet sein auf die hoffentlich bald beginnende Rehamaßnahme und tat viel dafür, möglichst schnell wieder gesund zu werden.

Trotz aller Ernüchterungen war diese Phase von Entschlossenheit geprägt. Das gelang mir jedoch nur, indem ich mit einer überwiegend positiven Einstellung durchs Leben ging.

Mir war mein Ziel bekannt, der Weg dorthin auch und ich war bereit, ihn zu gehen. Ich wollte mich von nichts und niemandem aufhalten lassen. Die Entschlossenheit gab mir hierfür die nötige Energie und dennoch begab ich mich umsichtig auf meine weitere Reise.

Was macht Entschlossenheit für dich aus? Wie verfolgst du deine Ziele? Was treibt dich an? Bist du mit der nötigen Achtsamkeit auf deinem Weg?

KAPITEL 11

Kleiner Routineeingriff

Eine Woche vor der Operation kam der langersehnte Brief der Deutschen Rentenversicherung. Ich öffnete ihn hastig und war neugierig, wann ich mit der Reha loslegen konnte. Doch statt Freude stellte sich schnell Fassungslosigkeit bei mir ein. Warum? Die beantragte Rehabilitationsmaßnahme wurde nicht genehmigt. Begründet wurde die Ablehnung damit, dass mein Krankheitsbild nicht so schwerwiegend sein würde, um eine zweite Reha innerhalb der kurzen Zeit zu rechtfertigen. Bitte was? Ich konnte es nicht fassen! Es war mir natürlich klar, dass diese Maßnahme nur bei ausreichender Indikation und medizinischer Begründung genehmigt werden würde. Doch die Ärzte und der Sozialdienst belegten die Notwendigkeit mit entsprechenden Schreiben und Attesten. Zudem war bei mir eine tatsächliche und nachhaltige Einschränkung der linken Hand vorhanden. Von der einen auf die andere Sekunde schien mein Traum zur Teilhabe am normalen Arbeitsleben zu platzen. Wie sollte es denn bei mir ohne Rehabilitationsmaßnahme zu einer erheblichen Verbesserung der motorischen Fähigkeiten kommen? Ein erdrückendes Gefühl von Verzweiflung und Wut machte sich breit. Für den Moment war ich absolut fassungslos. Einfach leer! Doch ich sah schnell ein, dass das mich nicht weiterbringen würde! Eine Lösung musste her!

Mir blieben nur zwei Optionen übrig: Ich nahm die Ablehnung hin oder ich legte dagegen Widerspruch ein. Ohne lange zu überlegen, fasste ich den Entschluss, gegen die Entscheidung anzukämpfen. Doch trotz der Wichtigkeit hatte ich im Augenblick den Kopf dafür nicht frei. Meine erste Operation unter Vollnarkose stand kurz bevor. Das Widerspruchsschreiben wollte ich nach dem Krankenhausaufenthalt erledigen.

Mitte April lernte ich bei den Voruntersuchungen in der Klinik meinen Operateur persönlich kennen, um mit ihm die Details zu besprechen. Der Arzt wurde mir wärmstens empfohlen und er machte auf mich einen sehr kompetenten Eindruck. Im Gespräch versuchte er, meine Bedenken auszuräumen, denn so einen Eingriff wie bei mir führte er wöchentlich mehrfach durch. Seine Art war etwas speziell, eine Mischung aus trockenem Humor und geballter Fachkenntnis. Ich fühlte mich in guten Händen und nach der Aufklärung optimal vorbereitet.

Und so kam der besagte Tag mit großen Schritten näher. Es war für viele Menschen ein ganz normaler Montag. Montag, der 18. April 2016. Für mich nicht! Es stand meine erste Operation unter Vollnarkose an und ich war aufgeregt. Die Nacht zuvor hatte ich kein Auge zugemacht. Der Respekt vor dem bevorstehenden Eingriff war riesig. Dabei war es weder eine große noch eine gefährliche Operation, sondern lediglich die Entfernung eines kleinen, kalten Knotens an der Schilddrüse. Easy going also! So ein Quatsch! Eine Scheißangst hatte ich!

Nach dem bekannten Check-in im Krankenhaus fand ich mich auf der Station ein. Dort warteten bereits mehrere Leidensgenossen, um sich ebenfalls einem chirurgischen Eingriff zu unterziehen. Ich nahm innerlich aufgewühlt, aber äußerlich entspannt Platz.

Nach einiger Zeit bemerkte ich eine Dame, die um die 70 Jahre gewesen sein müsste. Sie wartete ungeduldig und konfrontierte das Klinikpersonal mit ihrer Unzufriedenheit. Der Grund: Ihr wurde noch kein adäquates Zimmer zugewiesen. Die Stationsleitung entschuldigte sich hierfür, konnte aber an der Situation vorerst nichts ändern. Ihre Erklärung: Es wurden weniger Patienten entlassen, als neue einbestellt wurden. Die ältere Dame konnte mit dieser Aussage keinesfalls beruhigt werden – im Gegenteil. Sie bezog die anderen Personen in das Gespräch mit ein und so schaukelte „der Mob" sich mit Äußerungen hoch wie: „Der Service wird ja auch immer schlechter!", „So etwas ist mir ja noch nie passiert!" oder „Das können die doch nicht mit einem Privatpatienten machen!".

Innerlich aufgewühlt wegen der bevorstehenden Operation wollte ich mich nicht an der Diskussion beteiligen. Trotzdem fragte ich mich, warum die ältere Dame in dieser Art ihren öffentlichen Protest äußerte. War es eine tiefe Unzufriedenheit, die in ihr rührte, oder war es einfach die gleiche Aufregung wie bei mir, die sie versuchte, dadurch zu überspielen bzw. Druck abzulassen. Ich vermutete Letzteres. Die Frage blieb mangels Gesprächsbeteiligung meinerseits jedoch unbeantwortet. Mir war es wichtiger, dass ich zu gegebener Zeit einen Raum zum Umziehen erhalten und dass sich jemand um die Verwahrung meines Gepäcks kümmern würde. Mehr Anspruch hatte ich nicht. Und so saß ich eine gefühlte Ewigkeit mit feuchten Händen auf dem Stuhl und wartete darauf, dass es endlich losging.

Rund eine Stunde vor der Operation kam eine Krankenschwester auf mich zu und teilte mir mit, dass sie mir aufgrund von Überbelegungen leider kein normales Einzelzimmer zur Verfügung stellen könnten. Dies nahm ich gelassen hin, denn ich war vollkommen fokussiert auf den Eingriff. Das Zimmer war für mich nebensächlich.

Im nächsten Satz teilte sie mir mit, dass sie mir ein kostenfreies Upgrade auf der Privatstation zukommen lassen würden. Ich willigte ein, wusste aber noch nicht, was mich dort erwartete.

Auf der Privatstation angekommen, konnte ich meinen Augen kaum trauen. Der Eingangsbereich glich einer Hotelrezeption und ich wurde herzlich an der Empfangstheke begrüßt. Die Fußböden waren in Holzoptik gehalten. An den Wänden hingen kunstvolle Bilder. Überall standen schöne Grünpflanzen. Nach Betreten meines Zimmers erinnerte mich lediglich das Bett an ein Krankenhaus. Die großzügig geschnittene Unterkunft verfügte über eine moderne und geschmackvolle Einrichtung nebst Sitzecke mit Ledermöbeln und Flachbild-TV. Der pure Wahnsinn! Doch das auf dem Bett befindliche weiße OP-Hemd mit blauen Sternen, die sexy Kompressionsstrümpfe und der Hinweis, dass ich mich bitte innerhalb der nächsten 15 Minuten umziehen möge, brachten mich unmissverständlich wieder in das Diesseits. Ich war ja nicht zum Spaß hier! Doch dank dieser Annehmlichkeiten legte sich irgendwie die Aufregung. Ich zog mich bereitwillig um und wartete auf die Abholung.

Trotz der verbreiteten Unruhe durch die ältere Dame versuchte ich, mich nicht aus dem Konzept bringen zu lassen. Hierzu wechselte ich die Perspektive, konzentrierte mich auf mich selbst und hielt hierdurch negative Gedanken fern.

Außerdem bewertete ich die Gegebenheiten nicht weiter oder interpretierte etwas hinein, was gar nicht da war. Ich akzeptierte die Situation und konzentrierte mich auf das Wesentliche: die anstehende Operation.

Geduldig wartete ich auf meinem Platz, blendete die äußeren Einflussfaktoren, so gut es ging, aus und kam wieder zu mir. Dies drückt ein Zitat von Anandamayi Ma sehr schön aus: „Sowohl in dieser Alltagswelt wie auch im Bereich des Spirituellen ist Geduld die Hauptstütze." Eine wahrlich treffende Aussage!

Die innere Ruhe war der Schlüssel! Nur in diesem Zustand bin ich bei mir selbst, habe die volle Kontrolle über mein Handeln und die notwendige Stabilität. Der Weg zur inneren Ruhe ist bei jedem ein anderer – es gibt kein Patentrezept! Bei mir waren die drei wichtigsten Faktoren: Perspektivwechsel, Änderung der Einstellung und Geduld. ***Kennst du den Weg zu deiner inneren Ruhe? Was sind deine drei wichtigsten Faktoren?***

KAPITEL 12

Der Nebel lichtet sich

Ein kräftiges Klopfen an der Tür störte meine Ruhe. Es ging los. Mein Herz klopfte wie wild! Ich wurde abgeholt und im Bett liegend in das 1. Untergeschoss der Klinik geschoben. Dort lagen die Operationssäle. Innerlich gefasst, doch mit einem mulmigen Gefühl rollte ich zu meiner ersten Operation unter Vollnarkose. Mir schossen noch Gedanken durch den Kopf wie: „Hoffentlich wache ich wieder auf!" und „Bitte lass mich von dem medizinischen Eingriff nichts mitbekommen", da ging schon die nächste Tür auf. Zwischenstopp Anästhesie. Zwei Herren in grüner Bekleidung empfingen mich humorvoll mit den Worten: „Hallo Herr Wiermann! Schön, dass Sie den Weg hierher gefunden haben. Sind Sie schon aufgeregt?" Natürlich war ich aufgeregt und gleich nach Bejahung dieser Frage hatte ich ein bekanntes Souvenir im Arm: einen venösen Zugang. Die beiden Ärzte unterhielten sich währenddessen angeregt. Sie witzelten über alles Mögliche und lenkten mich von der bevorstehenden Operation ab. Im nächsten Moment floss das erste Beruhigungsmittel durch meine Adern und es wurde mir schwummrig im Kopf. Ich bat die beiden, mich bitte so richtig schlafen zu legen. Sie lachten daraufhin beherzt. Ich sollte mir keine Sorgen machen. Kaum eine Substanz später und den Gesprächen lauschend, war ich ohne weitere Ankündigung vollkommen sediert und weg im Reich der Träume angekommen.

Von der Operation bekam ich natürlich nichts mit. Das gesamte Ärzteteam machte einen klasse Job. Ich erinnerte mich erst wieder an den Moment, als ich in weiter Entfernung das Läuten einer Zugschranke vernahm. Es kam vom Überwachungsmonitor des Aufwachraums. Wohlig warm und einlullend zufrieden wurde diese Ruhe plötzlich durch ein sachtes Rütteln an meiner linken Schulter gestört. „Herr Wiermann! Sie müssen atmen!" Die Prozedur folgte mindestens fünfmal, bis ich wieder einigermaßen im Hier und Jetzt angekommen war. Noch leicht benebelt, etwas schläfrig und mit einem Ziehen im Halsbereich wurde ich auf meine Suite auf die Privatstation gebracht. Im Zimmer schlief ich wieder ein und versank im Reich der Träume.

Am Nachmittag besuchte mich meine Ehefrau mit meinen beiden Kindern. Ich war froh, die drei zu sehen, auch wenn es nicht lange her war. Sie waren glücklich, dass die Operation gut verlaufen war. Vorsichtig nahmen sie mich in den Arm. Das Aufrichten oder Drehen fiel mir jedoch schwer. Die kleinste Regung rund um den Halsbereich wurde mit ziehenden Schmerzen quittiert. Ich zog es daher vor, ruhig liegen zu bleiben.

Die Kinder machten es sich in den Ledersesseln bequem und schauten gespannt einen Zeichentrickfilm auf dem Flachbildschirm. Meine Frau saß auf dem Krankenhausbett. Wir unterhielten uns, bis es an der Tür klopfte und der Operateur zur Visite kam. Nach der Begrüßung und etwas Small Talk teilte er mir mit, dass die Operation gut verlaufen war und minimalinvasiv durchgeführt wurde. Ich erzählte ihm von meinen leichten Schmerzen, insbesondere von dem größeren Ziehen auf der rechten Halsseite. Das verwunderte ihn nicht und er gab mir zur Antwort, dass im Rahmen des Eingriffs der Knoten in der linken Schilddrüse entfernt und zum Schnellschnitt in die Pathologie gebracht wurde. Das entnommene Gewebe erschien ihm während der Operation bereits komisch und die Schnellschnittuntersuchung sollte dies bestätigen. Es wurde daher die gesamte Schilddrüse entfernt. Der harmlose Knoten entpuppte sich als follikuläres Schilddrüsenkarzinom. Bum! Das saß! Immerhin schob der Arzt nach, dass die Lymphknoten nicht befallen waren und er ein gutes Gefühl hat, dass es zu keiner Metastasierung gekommen ist.

Der Verstand begriff schnell: Es war Krebs! Emotional konnte ich die Nachricht aber noch nicht verarbeiten. Mag ein komisches Beispiel sein, doch es fühlte sich in etwa an, als wenn mir jemand etwas Bedeutungsloses aus der Tageszeitung vorgelesen hätte. Da waren keine Emotionen bei mir. Anders hingegen reagierte meine Ehefrau, die sichtlich geschockt von dieser Nachricht war. Ich konnte es ihrem Gesichtsausdruck entnehmen und den feuchten Augen. Damit hatte sie nicht gerechnet – und ich natürlich auch nicht. Die Kinder bekamen glücklicherweise nichts hiervon mit, da sie in den Weiten der Zeichentrickwelt versunken waren. Ungefähr dort hätte man mich ebenfalls abholen können. Sachlich hatte ich es verstanden, verarbeiten konnte mein Gehirn diese Information nicht.

Die nächsten beiden Tage verbrachte ich im Krankenhaus und versuchte, das Beste aus der Situation zu machen. Ein Highlight des Aufenthaltes war neben dem Zimmer definitiv die Verpflegung. Jeder einzelne Gang wurde auf dem Silbertablett mit Spitzendeckchen serviert. Die Mahlzeiten wurden hierbei auf dem Teller elegant arrangiert und Kräuter verzierten den Tellerrand. Wie in einem 4-Sterne-Lokal mit vorzüglicher Küche! Alternativ hätte ich mich auch gegen Aufpreis vom Chefkoch bekochen lassen dürfen, doch das wäre absolut dekadent gewesen.

Am Mittwoch kam der Arzt zur Visite und entfernte den Faden am Halsbereich. Der Schnitt am Hals war nicht größer als 3 cm. Zufrieden zeigte er sich über die Wundheilung, die sehr gut eingesetzt hatte. Die Schmerzen ließen auch nach, nur musste ich weiterhin bei jeder Bewegung aufpassen. Ich wollte jetzt nur noch nach Hause. Der Arzt befürwortete die Entlassung, jedoch wies er mich darauf hin, dass ich zeitnah eine Bestrahlung im Rahmen der Radiojodtherapie durchführen lassen sollte. Unter diesem Verfahren konnte ich mir zunächst nichts vorstellen und wurde hierüber aufgeklärt. Ich bedankte mich bei ihm für seine exzellente Arbeit und wir verabschiedeten uns.

Wichtig war für mich im nächsten Moment, dass ich die Klinik wieder verlassen durfte. Meine Ehefrau holte mich am Nachmittag mit dem Auto ab und es ging nach Hause. Die Fahrt war für mich eine echte Tortur. Jede Kurve und jedes Bremsen war mit Schmerzen im Halsbereich verbunden. Zu Hause angekommen, fiel ich geschafft in das Bett und schlief zunächst eine Weile.

Die restliche Woche passierte nicht mehr viel und ich nutzte die Zeit zum Spielen mit meinen Kindern, zur Erholung und um einen Termin zur Radiojodtherapie zu vereinbaren. Das Vorgespräch sollte hierzu erst Ende Mai erfolgen, da die Einrichtung bis dahin vollkommen ausgebucht war. Gesundheitlich ging es mir gut, bis auf die Tatsache, dass sich nichts an meiner linken Hand regte. Das war so schnell auch nicht zu erwarten.

Am Samstag passierte dann etwas, ohne dass sich die Informationslage geändert hatte. Mir wurde allmählich die Tragweite der Diagnose Schilddrüsenkrebs bewusst und ich versank im Reich der

Tränen. Es hatte mich jetzt auch emotional erreicht. Zudem erinnerte ich mich schockiert an die seltsamen Stimmen kurz vor dem 40. Geburtstag. „Todesdiagnose Krebs?", „War es das schon mit meinem Leben?", „Was wird aus meiner Frau und den Kindern?" oder „Was möchte ich noch erreichen bzw. erleben im Leben?", geisterte es mir durch den Kopf. Antworten fand ich darauf nicht. Den restlichen Tag verbrachte ich in einer depressiven Verstimmung.

Doch am nächsten Morgen fasste ich ersten Mut und wollte den Kampf gegen den Krebs aufnehmen. Dann habe ich eben zu der Nervenentzündung zusätzlich Krebs! Das schaffe ich schon – schließlich wollte ich noch länger für die Familie da sein. Ganz nach den Worten von Bertolt Brecht: „Wer nicht kämpft, hat schon verloren!", sprach ich innerlich zu mir und bestärkte mich, den Kampf aufzunehmen und nicht aufzugeben, bis ich diese hinterhältige Krankheit besiegt hatte.

Immerhin wurde vermutlich die Ursache des Grundübels gefunden: Eine paraneoplastische Reaktion aufgrund des Schilddrüsentumors hat bei mir die Nervenentzündung verursacht. Wie groß war noch einmal die Wahrscheinlichkeit, dass sich diese seltene Diagnose bewahrheiten sollte? Gegen null? Ich hatte wohl den Jackpot gewonnen und das mit einer absolut miesen Probabilität! Herzlichen Dank!

Meine Ehefrau und ich gingen in dieser Zeit emotional durch die Hölle. Wir versuchten uns in vielen Gesprächen gegenseitig zu unterstützen, denn **eine Krebserkrankung betrifft nie nur eine Person alleine.** Die Kinder, gut behütet, wussten vorerst nichts von meiner Erkrankung. Warum wir das so entschieden hatten, erläutere ich dir gerne separat im Kapitel 17.

Dieser Lebensabschnitt war der härteste in meinem bisherigen

Leben. Doch ich entdeckte auch eine völlig neue Seite an mir und nahm den Kampf bedingungslos auf.

Der Schock saß tief und ich war wie gelähmt. Die Diagnose Krebs war für mich zerschmetternd. Ich war absolut überfordert mit der Situation. Ich musste es erst sacken lassen und etwas zur Ruhe kommen, damit ich die notwendigen Schritte in Angriff nehmen konnte.

Meine drei besten Akut-Tipps für Erkrankte sind:
1. Werde Experte deiner Krankheit! Informiere dich über die Erkrankung, die Behandlungsmethoden und Fachärzte/-kliniken. Mit den entsprechenden Informationen kannst du deinen Weg gehen.

2. Führe Gespräche mit der Familie und Freunden. Das befreit dich und schafft Verständnis – auf beiden Seiten!

3. Setze den Fokus auf dich und deine Bedürfnisse über alles. Du brauchst die gesamte Energie für dich!

Eine längere und ausführliche Liste findest du auf meiner Internetseite:

www.werteanlage.de/Erste-Hilfe-Anleitung

KAPITEL 13

Neuer Tiefpunkt

Die neue Woche begann ich kämpferisch. Ich verfasste das Widerspruchsschreiben an die Deutsche Rentenversicherung wegen der abgelehnten Rehamaßnahme im Zwei-Finger-Suchsystem mit einem Wristguard vom Inlineskating, damit mein linkes Handgelenk stabilisiert wurde. Dem Brief legte ich eine separate ärztliche Stellungnahme bei, welche auf die Schwere der Einschränkungen und die Notwendigkeit der Reha zur Wiederherstellung meiner Funktionen hinwies. Siegessicher sendete ich die Unterlagen fristgerecht und fast schon paranoid per Post, per E-Mail und per Telefax ab. Jetzt musste ich nur noch auf die Antwort warten beziehungsweise eher auf die Genehmigung der Rehabilitationsmaßnahme. Was sollte denn dagegensprechen?

Nachdem ich den Kopf vorläufig frei hatte, konzentrierte ich mich auf die Lähmungserscheinungen in meiner linken Hand. Neben Eigenanwendungen, wie Rapsbad, EMS/TENS-Gerät zur Stimulation der Muskeln, einem elektrischen Schallwellengerät zur Anregung des gesamten Gewebes und den verschiedensten Eigenübungen, ging ich fleißig zur Krankengymnastik und zur Ergotherapie. Es schien mir jedoch weiterhin wie ein Kampf gegen Windmühlen, denn es stellte sich keine Verbesserung ein. Das wollte ich selbstverständlich nicht wahrhaben und redete mir unbewusst minimale Fortschritte ein. Und ich erinnerte mich an den Spruch einer Ärztin: „Die Nerven sind wie eine Diva. Wenn sie beleidigt ist, braucht es ewig, bis sie wieder besänftigt ist.“ Meine Diva schmollte wohl richtig!

Gegen Ende der Woche fühlte ich mich zunehmend schlechter und ich fiel in ein tiefes Loch, aus dem ich mich trotz aller Anstrengungen leider nicht sofort herausziehen konnte. Dieser Gesamtzustand ist schwer zu beschreiben, gleichwohl ich es versuchen möchte.

Mit einer positiven Grundeinstellung wurde ich entlassen und trotz des gefassten Mutes änderte sich fast täglich etwas. Es fing zuerst beim Aufstehen an, dass ich nicht aus dem Bett kam. Ich fühlte mich absolut unausgeschlafen. Hatte ich es dennoch geschafft, waren die Beine schwer wie Blei. Müde und antriebslos quälte ich mich durch den Tag. Selbst den kurzen Fußweg von einer Viertelstunde zu meinen Therapieterminen empfand ich als Qual. Ich war körperlich nicht mehr belastbar und ich spürte eine Verschlechterung von Tag zu Tag. Die verminderte Leistungsfähigkeit merkte ich zunehmend in allen Lebensbereichen. Zusätzlich kamen depressive Verstimmungen dazu. Woher resultierte diese Veränderung und Wesensverwandlung?

Ich versuchte, mich zu hinterfragen, fand jedoch zunächst keine Antwort, bis es mir dann wie Schuppen von den Augen fiel. Natürlich! Durch die fehlende Schilddrüse, ein wichtiges Organ im Halsbereich in Form eines Schmetterlings, erfolgte nicht mehr die lebensnotwendige Hormonproduktion. Ein entsprechendes Ersatzpräparat wurde mir nicht verordnet, da ich dies vor der Radiojodtherapie nicht einnehmen sollte. Ich war in einer absoluten Schilddrüsenunterfunktion.

Nachdem es mir jeden Tag zusehends schlechter ging, versuchte ich, den Termin für die Radiojodtherapie vorzuverlegen. Ich telefonierte am nächsten Tag sofort mit dem Krankenhaus, bekam aber eine Absage, denn alle Therapieplätze waren ausnahmslos ausgebucht. Was nun? Ich versuchte weiterhin mein Glück, setzte mich mit weiteren Kliniken in Verbindung und landete einen Glückstreffer. Ein Krankenhaus hatte kurzfristig einen freien Therapieplatz. Vorstellen sollte ich mich drei Tage später, um schließlich in zwei Wochen mit der ersehnten Radiojodtherapie zu beginnen. Für den Moment war ich äußerst zufrieden. In den nächsten Tagen ging es jedoch weiter steil bergab.

Müdigkeit, Trägheit, fehlende Leistungsfähigkeit und meine depressive Verstimmung dominierten den Alltag. Essen konnte ich normal, jedoch legte ich an Gewicht zu, obwohl ich nicht wesentlich mehr zu mir nahm als gewöhnlich. Weitere Begleiterscheinungen waren brüchige Nägel, trockene Haut und ein tief erfülltes Desinteresse an allem. Die Farben des Alltags wichen immer mehr und plötzlich stand ich in einer schwarz-weißen Welt mit ganz vielen Grautönen. Ich sehnte den Beginn der Therapie herbei.

Die Voruntersuchungen am Mittwoch verliefen erwartungsgemäß positiv. Im Gespräch erhielt ich weitere, teils befremdliche Vorabinformationen. Wie es üblich war, musste ich auch für die Radiojodtherapie einen Aufklärungsbogen zum Ablauf, den Risiken und den Nebenwirkungen unterschreiben. Ich wurde explizit darüber aufgeklärt, dass die verabreichte radioaktive Substanz in seltenen Fällen zu einer Tumorbildung führen könnte. Super! Ich wollte den Krebs bekämpfen und doch nicht durch die Therapie einen erneuten Rückschlag erleiden. Auf Nachfragen hin konnte mir der Arzt meine Ängste nehmen, denn es sei in seiner Klinik noch nie zu einer Folgeerkrankung durch die Radiojodtherapie gekommen, die theoretische Chance bestand jedoch. Mulmig war mir zwar weiterhin, aber es gab für mich kaum eine Alternative. Die Therapieform war eben das Mittel zum Zweck zur Bekämpfung etwaiger Metastasen in meinem Körper. Zudem sollte hierdurch das Restgewebe der Schilddrüse komplett vernichtet werden. Auf jeden Fall war die Vorverlegung der Therapie für mich die richtige Entscheidung, denn die nächsten Tage ging es mit mir weiter abwärts.

Normalen Gesprächen konnte ich nur noch schwer folgen, da ich Konzentrationsprobleme hatte. Beim Sprechen bemerkte ich, dass ich dies sehr langsam tat und mit einem leicht lallenden Unterton. Das klang ungefähr so, als wenn ich vorher Alkohol konsumiert hätte. Außerdem stellte ich mit der Zeit fest, dass meine Reflexe zum Beispiel beim Ballspielen mit den Kindern oder beim Autofahren deutlich verlangsamt waren. Es war ein Gefühl, wie in Watte eingepackt zu sein. Glücklicherweise kam ich in keine gefährlichen Situationen.

Den Tiefpunkt erreichte ich in der Woche vor der Therapie. Ich nahm nur noch widerwillig am Leben teil. Lust hatte ich auf gar nichts mehr. Die meiste Zeit verbrachte ich im Bett. Es gab eine unglaubliche Leere in meinem Kopf. In den kurzen, wachen Momenten wandelte ich kriechend wie ein Zombie durch die Welt. Lebenswert war für mich etwas anderes.

Durch die fehlenden Schilddrüsenhormone war ich nicht mehr Herr meiner selbst und konnte keinen klaren Gedanken fassen. Diese Zeit war für mich eine absolute Grenzerfahrung und äußerst schrecklich!

Die typischen Symptome einer Schilddrüsenunterfunktion sind depressive Verstimmung, Antriebslosigkeit,

Konzentrationsprobleme, Müdigkeit, Muskelschmerzen, Haarausfall usw. Die Kriterien hatte ich beinahe mustergültig erfüllt. Bis auf den Haarausfall. Da wurde ich glücklicherweise verschont!

Daneben gibt es noch die Überfunktion der Schilddrüse, die teilweise andere negative Symptome zeigt. Die Hintergründe für eine Schilddrüsenunterfunktion bzw. -überfunktion sind vielfältig. Eine Tumorerkrankung muss nicht zwangsläufig dahinterstecken.

Fakt ist: Bei länger andauernder, unerklärlicher (Wesens-)Veränderung ist die Abklärung der Hintergründe durch einen Arzt sinnvoll.

Und jetzt bist du gefordert: Achte bitte auf dein Umfeld, denn häufig ist es ein schleichender Prozess, den die betroffene Person selbst nicht mitbekommt oder einordnen kann. Deine Aufmerksamkeit kann entscheidend sein. Frage höflich in einem geeigneten Moment nach und unterstütze, sofern ein Anlass dazu besteht. Auch wenn der Grund ein anderer ist!

KAPITEL 14

Einzug in den Bunker

Unter der Woche durchsuchte ich lustlos die Schränke im Schlafzimmer nach alter Kleidung. Ich wollte jedoch nichts aussortieren, sondern ich suchte Bekleidung für den kommenden Klinikaufenthalt. Im Falle einer Kontaminierung durch die Strahlung könnte diese ohne Reue vernichtet werden. Antriebslos verstaute ich die Sachen in bunte Plastiktüten. Komischerweise ging mir in der Phase die Fantasie nicht verloren. Vor dem inneren Auge hatte ich von mir das Bild, wie ich als Obdachloser mit meinen Tüten bepackt quer durch die Stadt in das Krankenhaus irrte. Befremdlich! Daneben packte ich weitere Gegenstände von der überreichten Empfehlungsliste ein wie Handy, Ladekabel, Bücher, Schreibutensilien usw. Wichtig waren vor allem die sauren Bonbons und Gummibärchen. Hierzu später mehr!

Die Nacht vor dem Klinikaufenthalt schlief ich komplett durch. Die fehlenden Hormone legten mich wohl gänzlich flach. Gerädert und unausgeschlafen ging es am nächsten Tag los. Meine Ehefrau fuhr mich am 13. Mai 2016 mit dem Auto vor das Krankenhaus, sodass mir der beschämende Anblick meiner selbst in alten Klamotten und vollbepackten Einkaufstüten größtenteils erspart blieb.

Nach dem üblichen Einchecken wurde ich freundlich von einer

Ordensschwester empfangen, die in ihrem hohen Alter jenseits der 80 unterstützend auf der Station tätig war. Eine faszinierende alte Dame, die im späteren Verlauf noch eine Überraschung für mich parat hielt. Sie brachte mich in einen separaten Raum, damit ich mich ein letztes Mal umziehen konnte. Die zuvor getragene Kleidung wurde im strahlungssicheren Bereich in einem Spind aufbewahrt.

Nach dem Umkleiden musste ich mich von meiner Ehefrau lossagen und die Schleuse betreten, die den Krankenhausgang von dem Vorraum mit den einzelnen Strahlungszimmern trennte. „Willkommen im Trakt der Todgeweihten", war der erste Gedanke, der mir durch den Kopf schoss. Ich wurde von der Schwester in meine Räumlichkeit der nächsten Tage geführt und ausgiebig auf die Besonderheiten des Aufenthaltes eingewiesen. Das Zimmer war relativ groß und bestand aus einem Nachtkästchen am Eingang, das für die Essensbereitstellung diente. Des Weiteren war der Raum mit einem normalen Krankenhausbett, einem dazugehörigen Nachttisch, einem Heimtrainer und einer Sitzgruppe mit zwei Stühlen nebst Hocker ausgestattet. Die zimmerbreite große Fensterfront ließ das Sonnenlicht herein und gewährte einen freien Ausblick auf die Notaufnahme und einen Imbissladen auf der anderen Straßenseite. Einen Wermutstropfen gab es dennoch: Die Fenster durfte ich maximal 30 Minuten am Tag zum Lüften öffnen – wegen der von mir ausgehenden Strahlung! Eine echte Bestrafung für einen Frischluftfanatiker wie mich. Vom Zimmer führte eine weitere Tür in ein mit kleinen, weißgrau gefliesten Kacheln ausgestattetes Bad mit wasserrationiertem Waschbecken, Flugzeugtoilette und einer Dusche. Die Dusche durfte ich während meines Aufenthalts jedoch nicht nutzen. Zur Absicherung war diese nur mit Münzautomat bedienbar. Und ich bekam natürlich keine Duschmünzen!

Der Zugang zu meinem Zimmer wurde aus psychologischer Sicht nicht verschlossen, dennoch durfte ich den Raum nicht ohne Aufforderung verlassen. Der Kontakt zu anderen Patienten war mir somit verwehrt – wir hätten uns sonst gegenseitig angestrahlt. An der vorhandenen Tischgruppe konnte also lediglich mein imaginärer Besuch Platz nehmen. Herzlich willkommen, Merolie, zu den Rollenspieltagen im Bunker! Ironie aus!

Nach der Einweisung ging die Tür zu und ich wartete angespannt auf den Arzt. Er kam eine gefühlte Ewigkeit später und gab mir letzte Instruktionen für den kommenden Ablauf. Er wies mich penibel darauf hin, dass ich die radioaktive Jodkapsel sofort nach Erhalt und ohne darauf zu beißen mit viel Wasser runterspülen müsste. Ich wollte mich daran halten! Ab dem vierten Tag sollte ich dann erstmals Schilddrüsenhormone in Tablettenform erhalten. Diesen Tag sehnte ich so sehr herbei, denn ich fühlte mich noch immer gefangen in meinem eigenen Körper.

Rund eine Viertelstunde später begann dann der für mich nahezu apokalyptische Akt. Nach dem Türklopfen trat der Arzt mit einer medizinisch-technischen Assistentin ein. Der Anblick ließ mich erschaudern. Die zierliche Frau trug eine graue Strahlenschutzweste und fuhr einen kleinen bleiernen Wagen vor sich her. Der Arzt gab mir aus sicherer Entfernung letztmals die Anweisungen und die Assistentin öffnete das Gefährt. Im Inneren befand sich lediglich ein kleiner, bleierner Zylinder, den sie herausnahm und aufdrehte. Der Inhalt: eine einzige Kapsel – meine Radiojodkapsel. Währenddessen schlug der Geigerzähler aus, den sie bei sich trug, und sie leerte das Gefäß in meine rechte Hand. Ohne eine weitere Sekunde zu überlegen, legte ich die Kapsel in den Mund und spülte sie mit einem ordentlichen Schluck aus dem Wasserglas herunter. Das war alles. Die beiden verabschiedeten sich freundlich, wünschten mir eine angenehme Zeit und verließen fluchtartig das Zimmer. Von nun an war ich alleine und isoliert im Bunker. Die nächsten Tage verbrachte ich mit dem Abstrahlen. In absoluter Einsamkeit!

Die Behandlungsart war nicht schön, tat aber auch nicht weh. Es war ein probates Mittel zur Bekämpfung eventuell vorhandener Metastasen, die Jod speicherten. Somit blieb mir fast keine andere Wahl. Ich hatte jedoch vollstes Vertrauen in die Methode, in meinen Arzt, in mich selbst und in die getroffene Entscheidung. Das war die Basis. Ohne Vertrauen hätte ich die kommende Zeit jedoch nicht überstanden.

Die Grundlage für Vertrauen ist zuerst ein Vertrauen in sich selbst. Es wird auch Selbst-Vertrauen genannt. Darauf aufbauend helfen die eigenen Erfahrungen und Erlebnisse, um Vertrauen gegenüber anderen Menschen, Verfahren oder Handlungen zu entwickeln. Vertrauen ist erlernbar, ein lebenslanger Prozess und macht das Leben leichter. Diese gelebte Eigenschaft ist außerdem ein guter Mitstreiter gegen die Angst!
Mit Vertrauen gehe ich freier durch das Leben.

Vertraust du auf dich selbst und/oder anderen Menschen? Bei welchen Gelegenheiten spürst du Vertrauen? Ist Vertrauen zu haben nicht ein wunderbares Gefühl? Auf welchen Ebenen kannst du an dir arbeiten, um noch mehr Vertrauen hinzuzugewinnen?

KAPITEL 15

Allein

Als die Tür ins Schloss fiel, wurde mir erst bewusst, dass ich die nächsten fünf Tage fast ausschließlich in Einsamkeit verbringen musste.

Im kommenden Zeitraum sah ich jeweils nur sechsmal täglich die Schwestern. Sie klopften an meine Tür und ich begab mich auf die gegenüberliegende Seite des Raumes, sofern ich mich dort nicht eh schon aufhielt. Möglichst weit weg von ihnen, damit ich keine Strahlenbelastung für sie darstellte. Die Krankenschwestern brachten mir das Essen und Wasserflaschen, welche sie relativ eilig auf das Nachtkästchen im Eingangsbereich abstellten oder abräumten. Mehrfach versuchte ich, die Krankenschwestern in ein kurzes Gespräch zu verwickeln, was mir nicht glückte. Sie wollten sich nicht noch mehr der radioaktiven Strahlung aussetzen. Verständlich! Für mich aber als einsamer Patient unter den gegebenen Umständen war es der blanke Horror. An die Isolation konnte ich mich von Beginn an nicht gewöhnen. Dennoch musste ich mich darauf einlassen, denn durch die Strahlentherapie sollten etwaige Fernmetastasen und das restliche Schilddrüsengewebe vernichtet werden.

Da saß ich nun, alleine in meinem Zimmer, und versuchte mich abzulenken, damit die Zeit schnell verging. Viele Möglichkeiten hatte ich nicht und so las ich in einem mitgebrachten Buch, schaute

Fernsehsendungen an, surfte im Internet oder spielte zur Ablenkung auf meinem Smartphone. Gut, dass mir WLAN zur Verfügung gestellt wurde. Nebenbei lutschte ich während des Aufenthaltes fleißig saure Bonbons. Damit regte ich den Speichelfluss an, um eine Entzündung der Speicheldrüse möglichst zu vermeiden.

Was insgesamt im ersten Moment einen kleinen Touch von Urlaub hatte, ist unter Betrachtung der Gesamtumstände alles andere als das. Es fehlte mehr als nur das Meeresrauschen und die endlosen Sandstrände. Auch wenn ich die ersten Stunden gut verbrachte, musste ich nach einer Weile geschafft das Buch oder das Handy auf die Seite legen oder den Fernseher ausmachen. Und in diesem Moment der Abgeschiedenheit kam ich zur Ruhe und beschäftigte mich mit mir selbst – unbewusst! Es schossen mir unzählige Fragen und Gedanken durch den Kopf.

Ich ließ die letzten Monate Revue passieren und dachte intensiv über mein Leben nach. Fragen wie: Was hat mich in diese Lebenssituation gebracht? Sollte ich heil aus der Sache herauskommen, was möchte ich in meinem Leben verändern? Was will ich noch erleben? Mit diesen und weiteren tiefgründigen Fragen analysierte ich mein Dasein und suchte neue Impulse. Auf einem Schreibblock machte ich mir nebenbei Notizen, unter anderem führte ich eine Löffelliste. Ziel der Liste war es, so viele Erlebnisse aufzuführen, die man noch erleben möchte, bis man den besagten Löffel abgibt. Mit dem Aufschreiben ist es natürlich nicht getan! Danach kommt der wichtigste Punkt: die Umsetzung der einzelnen Herzenswünsche.

Ich füllte die Liste allmählich, ging tief in mich und überlegte. Abgelenkt durch ein Musikvideo, welches im Hintergrund zur musikalischen Beschallung lief, starrte ich auf den kleinen Bildschirm und mich überkamen aus heiterem Himmel die Tränen. Das Video zeigte einen Ausschnitt aus dem Konzert von Tomorrowland, einem sehr bekannten elektronischen Musikfestival in Belgien. Ich sah den Menschen beim Tanzen der sehr basslastigen Musik zu. Dazu muss man wissen, dass es ein persönlicher Traum von mir ist, an diesem Musikfestival einmal teilnehmen zu können. Dies ist aufgrund der begrenzten Tickets und des großen Andrangs schier unmöglich. Die letzte Veranstaltung mit rund 360.000 Karten war innerhalb von einer Stunde ausverkauft. Doch zurück zum Video. „Put your hands up in the air", forderte der Discjockey das Publikum auf, das natürlich gleich seiner Aufforderung nachkam. Mir wurde mit der gezeigten Szene wieder eines brutal aufgezeigt: Ich konnte die Hände nicht einfach so in die Höhe halten, denn die linke Hand klappte weiterhin funktionslos nach unten. Dass ich meine Hand jemals wieder gezielt in den Himmel strecken könnte, schien mir in diesem Moment noch viel unmöglicher, als an die begehrten Tickets zu kommen.

Übermannt von den Umständen entwickelten sich die anfänglichen Tränen zu einem Heulkrampf. Und keiner konnte mich trösten. Ich war ja alleine. Nach einer Weile fing ich mich, wischte mir die Tränchen aus dem Gesicht und schrieb fast schon trotzig „Tomorrowland besuchen" und „Meine beiden Hände in den Himmel strecken" auf den Block. Manchmal muss man sich große Ziele im Leben setzen und die wollte ich mir auch stecken.

So vergingen die Tage immer im gleichen, eintönigen Rhythmus. Nachts konnte ich nicht durchschlafen und so durfte ich erfahren, welche Krankenstation über meinem Zimmer lag: der Kreißsaal. Vorwiegend in den frühen Morgenstunden hörte ich durch die Betondecke unweigerlich zuerst die dumpfen Schmerzensschreie der werdenden Mütter und anschließend manchmal die der Babys.

Die räumliche Anordnung fand ich im ersten Moment befremdlich: Im Keller kämpften die Patienten um ihr Leben und eine Etage darüber begann das Leben. Eines hatten aber beide Stationen gleich: **Hoffnung!**

Am vierten „Zellentag“ gab es so etwas wie einen Lichtblick. Nach 27 Tagen ohne Schilddrüse durfte ich endlich Hormone in Tablettenform einnehmen – eine Gewohnheit, die mich künftig bis an mein Lebensende begleiten sollte. Den vorletzten Tag in Quarantäne begann ich mit einer Schilddrüsentablette, die ich rund eine halbe Stunde vor dem Essen einnahm. Kurz danach verspürte ich ein seltsames, warmes und gutes Gefühl. Jetzt ging es endlich aufwärts!

Nach dem Mittagessen stand eine weitere, aber unangenehme Veränderung in meinem tristen Alltag an. Für eine bevorstehende Untersuchung musste ich Abführmittel einnehmen, damit der Darmtrakt möglichst frei von radioaktiven Resten war. Ich verbrachte den restlichen Tag sehr häufig auf der Flugzeugtoilette mit der tollen Absaugautomatik. Doch ein Ende des romantischen Aufenthaltes war in Sicht.

Während des Aufenthalts musste ich eindringlich an den letzten Seminartag denken, insbesondere an den beeindruckenden Vortrag der jungen Frau. Sie hatte auch mit einer Krebserkrankung zu kämpfen und die Ärzte forderten sie auf, sich große Ziele zu setzen. Doch warum? Es gibt einem den Glauben an sich selbst, schafft Vertrauen in das Leben, aktiviert die Selbstheilungskräfte und setzt den Fokus in die Zukunft.

Die Löffelliste war mein dazugehöriger Anker. Ich notierte alles, was ich noch erleben wollte. Neben dem Notieren war eine Priorisierung nötig, denn es gab Punkte, die mir wichtiger waren als andere. Nachdem ich die Liste zu Papier gebracht hatte, plante ich im nächsten Schritt die Umsetzung.

Hast du dir schon einmal eine Löffelliste erstellt? Wenn nein, dann mache es noch heute! Denn auch bei bester Gesundheit wissen wir nicht, wann unser Leben endet. Was möchtest du in dieser Woche, im nächsten Monat oder im nächsten Jahr erleben? Schreibe es auf und komme in die Umsetzung!

KAPITEL 16

Entlassung mit Happy End?

Die letzte Nacht im Exil schlief ich unruhig und war angespannt. Am nächsten Tag stand, neben diversen kleineren Untersuchungen, eine Skelettszintigrafie auf dem Programm. Bei diesem bildgebenden Verfahren sollte festgestellt werden, ob sich in meinem Körper neue Tumore oder Metastasen gebildet haben.

Am Morgen fühlte ich mich mangels Schlaf wie gerädert. Auch in dieser Nacht kam mindestens ein neuer Erdenbürger im Kreißsaal über mir zur Welt. Innerlich empfand ich am Morgen trotz der bisherigen Anspannung eine aufkommende Erlösung, denn ich durfte endlich die Zwangsunterkunft für die anstehenden Untersuchungen verlassen. Ich wurde abgeholt von der älteren Ordensschwester, die mich auch zu Beginn des Aufenthaltes im Krankenhaus aufnahm. Sie war trotz ihres hohen Alters noch immer für den Orden in der Klinik tätig. Völlig irrsinnig kam mir ein Gedanke. Ob sie meinen Vater wohl kannte? In diesem Zusammenhang muss man wissen, dass mein Vater Ende der 80er-Jahre in dem Krankenhaus als Chefkoch arbeitete, bis er 1989 dort an einem Krebsleiden verstarb. Auf die Frage hin, ob sie sich an ihn erinnern könnte, musste sie erst einmal in sich gehen. Sie senkte den Kopf, kniff die Augen etwas zusammen und überlegte. Nach einem kurzen Moment antwortete sie: „Ja, an Herrn Wiermann kann ich mich erinnern. Er war so ein herzensguter Mensch! Und Sie sind sein Sohn?“ Ich kämpfte mit den Tränen. Mit einer positiven Antwort hatte ich nicht gerechnet. Um so schöner war es, dass sie sich an ihn erinnern konnte. Wir plauderten noch eine Weile über meinen Vater und meine Familie. Ich war so dankbar für diese Unterhaltung, die mir ganz nebenbei die Angst etwas nahm. Doch dann wurde es ernst und sie führte mich zu den Untersuchungsräumlichkeiten. Schön, dass ich endlich wieder unter Menschen kam, Gespräche führen konnte und raus aus der Isolation war.

Ich setzte mich in den Wartebereich und verweilte eine Zeit lang. Neben der Blutabnahme, einem EKG und der Schilddrüsensonografie stand zum Abschluss die Skelettszintigrafie an. Bei den bisherigen Untersuchungen war ich relativ unaufgeregt. Das änderte sich jedoch schlagartig, als ich in der Untersuchungsschale für die Szintigrafie lag. Mir wurde es ganz anders. Ich hatte Angst! Was ist, wenn die Radiologen einen weiteren Tumor oder Metastasen finden würden? „Nein!“, schrie ich ganz laut innerlich auf, denn ich wollte der Angst keinen ausfüllenden Raum geben. In Gedanken führte ich Selbstgespräche: „Angst, es ist schön, dass es dich gibt und dass du mich auf diesem Weg begleitest. Ich habe Respekt vor dir, aber ich werde jetzt diese Untersuchung durchstehen und am Ende wird alles gut sein – keine Tumore, keine Metastasen!“ Ich fasste Mut und ließ das Screening über mich ergehen. Innerlich fühlte ich mich noch immer nicht ganz wohl, aber gefestigt.

Das medizinische Gerät tastete millimeterweise meinen Körper ab. Mit dem Blick nach oben gerichtet, sah ich mit der Zeit, wie das Lamellenmuster der Decke im Schneckentempo immer mehr zum Vorschein kam. Nach einer Stunde in unbequemer Mumienlage ging ich zurück in den Wartebereich und wartete dort auf den abschließenden Befund. Die Angst nahm neben mir Platz, bekam aber nicht viel Raum von mir zugewiesen. Der zuständige Arzt bat mich nach einer gefühlten Ewigkeit in das Besprechungszimmer und erklärte mir ausführlich, dass er mit dem Ergebnis sehr zufrieden sei. „Keine Tumore oder Metastasen und auch sonst keinerlei Auffälligkeiten! Das verbleibende Schilddrüsenrestgewebe hat das radioaktive Jod erwartungsgemäß aufgenommen. Die Restbestandteile der Schilddrüse beginnen jetzt, sich langsam zu zersetzen. Alles in bester Ordnung!", führte er aus. In diesem Moment fielen mir mehrere Felsbrocken vom Herzen. Ich hatte den nächsten großen Schritt nach vorne gemeistert und war überglücklich! Es hätte auch anders ausgehen können. Mit dem Schreckensszenario beschäftigte ich mich jedoch nicht!

Ich verabschiedete mich und ging zurück in mein Zimmer. Dort packte ich meine Sachen in die Tüten und breitete die getragene Kleidung auf dem Bett aus. Eine medizinisch-technische Assistentin überprüfte noch die Textilien mit einem Strahlenmessgerät, ob diese kontaminiert waren. Einige Kleidungsstücke wurden tatsächlich in einem separaten Beutel zur speziellen Entsorgung separiert. Den verbleibenden Rest packte ich in die mitgebrachten Tüten und verließ das Zimmer endgültig. Auf Nimmerwiedersehen!

Nach dem Kleidungswechsel in der Umkleide trat ich die Heimreise an. Doch so einfach war das leider nicht. Nachdem ich die nächsten 4 Tage wegen der von mir ausgehenden Reststrahlung keinen längeren Kontakt zu meinen Kindern haben durfte, konnte ich nicht nach Hause. Darüber wurde ich im Vorfeld aufgeklärt und ich hatte mich um eine alternative Unterkunft gekümmert. Meine Mutter nahm mich bei sich auf und holte mich vom Krankenhaus ab.

Im Haus angekommen, war das zweite Schlafzimmer für mich bereits vorbereitet. Über den angenehmen Besuch war sie sehr erfreut. So nahe hatte sie mich schon lange nicht mehr bei sich. Wir genossen die nächsten Tage und führten viele Gespräche. Das persönliche Kontaktverbot zu meiner Ehefrau und Kindern war die Hölle. Dank der modernen Technik blieben wir wenigstens mit Videotelefonie in Verbindung.

Die wiedergewonnene Freiheit nutzte ich natürlich und ich traf mich mit Freunden und Arbeitskollegen. Was allerdings 5 Tage Isolation ausmachen können, erlebte ich nach einer Zugfahrt in die Stadt. Kaum war ich in der Innenstadt angekommen, war ich überwältigt von den Menschenmassen und dem regen Treiben. Anfangs war ich von dieser Situation leicht überfordert und konnte mir damit annähernd vorstellen, wie sich ein Landmensch wohl fühlt, wenn er durch die Straßen der Millionenmetropole von Tokio schlendert und die vielen neuen Eindrücke verarbeitet. Hello Tokio! Ich hatte mit dieser Anpassung zu kämpfen, kam langsam wieder an und konnte die folgende Zeit genießen.

Warum haben wir eigentlich Angst? In besorgniserregenden Situationen ist Angst häufig unser Begleiter. Die Einstufung der Lage ist jedoch zumeist subjektiv. Kennst du Gelegenheiten wie: Du darfst eine Rede halten, du siehst eine Spinne, du hast einen wichtigen Kundentermin, du schreibst eine Prüfung usw. Sind die Situationen wirklich alle besorgniserregend oder gefährlich? Hat jeder Mensch bei den vorherigen Beispielen die gleichen Empfindungen? Die Antwort ist Nein! Wir schätzen die Lage so ein durch unser Denken und unsere eigenen Bewertungen. Häufig resultiert die Einschätzung aus gemachten Erfahrungen.

Angst kann jedoch durchaus positiv und hilfreich sein! Wenn bei mir Angst auftritt, gehe ich aufmerksamer an die Sache und verspüre mehr Leistungsfähigkeit. Das unangenehme Gefühl ist zu Beginn noch da, doch spätestens, wenn ich im Tun bin, verfliegt sie und ich erhalte abschließend die Belohnung für das Erreichte. Es ist daher wichtig, auch bei unerfreulichen Angelegenheiten den ersten Schritt zu machen.

Geht es dir manchmal ähnlich? In welchen Situationen bekommst du Angst und wie gehst du damit um? Kannst du das nächste Mal, wenn du in eine Angstsituation kommst, Angst als einen positiven Begleiter sehen? Probiere es!

KAPITEL 17

Was sage ich meinen Kindern?

Nach insgesamt 8 Tagen Krankenhausaufenthalt und zwangsbedingtem Exil durfte ich wieder nach Hause. Es war zwar schön, viel Zeit mit meiner Mutter zu verbringen, jedoch vermisste ich meine Frau und die Kinder. Ich packte die Sachen zusammen und fuhr mit den öffentlichen Verkehrsmitteln heim. Zu Hause angekommen, empfingen mich alle freudestrahlend und wir umarmten bzw. drückten uns lange. Es war ein emotionaler Moment der Freude und des Glücks. Endlich war ich wieder bei meiner Familie und in den eigenen vier Wänden!

Das Wochenende nutzte ich zur Erholung und verbrachte Zeit mit den Kindern. Gerade für sie war die erneute, lange Abwesenheit eine Belastung. Das spürte ich. Und so stellte ich mir immer wieder die Frage, was ich meinen Söhnen bezüglich meiner Erkrankung sagen sollte. Diese Frage zerriss mich innerlich fast und hierzu muss man meine Vergangenheit kennen. Als ich im jugendlichen Alter von 12 Jahren war, erkrankte mein Vater an Speiseröhrenkrebs. Zwischen Erkrankungsbeginn und seinem Tod verging ungefähr ein Dreivierteljahr. Meine Eltern wollten mich wohl nicht beunruhigen und daher habe ich erst sehr spät erfahren, wie es um meinen Vater wirklich stand. Zu dem Zeitpunkt war er nicht mehr ansprechbar.

Selbst als der Tod unausweichlich war, konnte ich das Ganze nicht umreißen. Ich quälte mich mit unberechtigten Schuldgefühlen und fühlte mich verantwortlich für seinen Tod, weil ich ihn geärgert hatte, manchmal nicht nett zu ihm war und zu selten auf ihn gehört hatte. Heute weiß ich, dass diese Denkweise natürlich falsch war – als Kind jedoch war ich überzeugt davon.

Die aktuelle Lage war daher nicht einfach für mich, denn ich beabsichtigte, es besser zu machen. Das ist aber keine Schuldzuweisung an meine Eltern. Die Situation war schwer genug für uns alle und in diesem Moment war es für meine Eltern die richtige Entscheidung. Sie wollten immer nur das Beste für mich! Nur wie sollte ich mich in meiner Lebenslage verhalten? Die Frage belastete mich!

Ich redete zwar mit den Kindern über meine Erkrankung, aber im Detail aufgeklärt hatte ich sie nicht. Sie wussten von der Entzündung in meinem Arm, dem Funktionsverlust in der linken Hand und auch von der Schilddrüsenoperation. Die Hintergründe kannten sie jedoch nicht! Die Punkte Krebs oder Tumor hatte ich nicht offen angesprochen. Somit quälte mich die Frage, die sich wohl damals auch meine Eltern oft genug in der Art gestellt hatten: Was kann ich einem 4-jährigen und einem 9-jährigen Kind vermitteln, ohne dass ihr Geist Schaden nimmt? Behutsamkeit versus Klarheit!

Ich überlegte, was denn jetzt für uns die richtige Entscheidung wäre. Die Antwort darauf war echt schwer, auch wenn es grundsätzlich nur zwei Möglichkeiten gab. Und zusätzlich zu meinen eigenen Erfahrungswerten informierte ich mich im Internet. Hier trafen die unterschiedlichsten Argumente für die beiden Varianten aufeinander. Trotzdem musste ich die Entscheidung treffen und damit die beste Möglichkeit für uns alle abwägen.

Eine Option war das offene Aussprechen der Erkrankung Krebs.

Den weiteren Informationsumfang sollten die Kinder durch ihre Fragen selbst bestimmen und damit würde es auch zu keiner Überforderung kommen. Mit dieser Vorgehensweise wären sie informiert, man schafft Vertrauen, könnte besser auf sie eingehen und auch über ihre Ängste reden. Außerdem ist es ein fairer Umgang mit der Erkrankung, denn im weiteren Zeitverlauf kann sich der Gesundheitszustand verschlechtern und im ungünstigsten Fall zum Tod führen. Das musste ich mir immer bewusst machen. Zudem wurde argumentiert, dass die Kinder von dieser Belastungssituation mehr mitbekommen würden, als es den Eltern lieb wäre. Und diese nicht erkannte Bürde wäre nicht sonderlich positiv für die Entwicklung des Kindes. Daher wurde das offene Ansprechen empfohlen.

Die zweite Variante wäre das Verheimlichen. Der Vorteil hierbei ist, dass man durch das fehlende Aussprechen der gefürchteten Diagnose Krebs die Kinder nicht beunruhigt und sie hoffentlich unbekümmerter den Alltag meistern würden. Bei einer weiter anhaltenden Verschlechterung des Gesundheitszustandes halte ich persönlich diese Lösung jedoch für ungeeignet.

Um eines gleich vorneweg zu sagen: Die getroffene Entscheidung war meine Entscheidung und muss nicht die richtige für dich sein, verehrte Leserin, verehrter Leser, sofern du einmal in eine ähnliche Situation kommen solltest, was ich aber natürlich keinem Menschen wünsche!

Nach Rücksprache mit meiner Ehefrau und ausgiebigen Diskussionen hatten wir uns entschieden. Ausgehend von dem frühzeitig entfernten follikulären Schilddrüsenkarzinom, der gut anschlagenden Radiojodtherapie und den positiven Einschätzungen der Ärzte, einigten wir uns darauf, die Kinder vorläufig nicht über die Schwere der Erkrankung zu informieren. Zudem war bei mir eine

Verschlechterungstendenz nicht erkennbar, weitere Bestrahlungen oder Operationen waren nicht erforderlich und einer Chemotherapie musste ich mich ebenfalls nicht unterziehen. Wir wollten, ähnlich wie es meine Eltern beabsichtigten, unsere Kinder nicht unnötig belasten. Die Ausgangslage war bei mir eben eine andere als bei meinem Vater. Schließlich war ich auf dem Weg der Besserung.

Wir gehen durchs Leben und stehen tagtäglich vor Entscheidungen. Manche sind wichtiger als andere, jedoch haben alle eines gemeinsam: Es muss eine Entscheidung getroffen werden. Dabei ist es wichtig, eine bewusste Entscheidung zu treffen! Was meine ich damit genau? Entscheidungen kann man auf zwei Arten treffen; entweder durch eine ausdrückliche Handlung oder durch eine fehlende Aktion. Und beides hat Auswirkungen.

Ich machte es mir bei der Entscheidung nicht leicht und es erforderte Mut. Es war für mich zu dem Zeitpunkt die richtige Entscheidung. Und zu den Konsequenzen stand ich. Rückblickend kann ich sagen, dass ich mich wieder so entscheiden würde.

Diese drei Bausteine haben mir bei der Entscheidungsfindung geholfen:

1. Kläre deine Fragen! Welche Alternativen gibt es? Stelle eine Pro- und Kontraliste auf. Welches starke „Warum" steckt hinter deiner Frage? Wie würde der Worst Case / Best Case aussehen? Ist es ***deine*** *Lösung?*

2. Hole dir eine Zweitmeinung ein! Es ist keine Schande, jemanden anderen um Rat zu bitten. Damit ergeben sich eventuell ganz andere Blickwinkel!

3. Sofern es die Zeit zulässt, schlafe eine Nacht darüber. Im Unterbewusstsein ergeben sich vielleicht ganz neue Lösungswege.

KAPITEL 18

Kampf mit dem Papier

Nachdem ich die Frage „Was sage ich meinen Kindern?“ für mich beantwortet hatte, war mein Kopf wieder frei. Jetzt standen einige organisatorische Punkte im Vordergrund. Denn eine längere Krankheitsphase bedeutet meistens auch, dass ein erheblicher Papierberg abzuarbeiten ist. Lästig, aber nötig!

Ich kümmerte mich zum Beispiel regelmäßig um die Arbeitsunfähigkeitsbescheinigungen von meinem Hausarzt zur Vorlage beim Arbeitgeber und der Krankenkasse. Aufgrund der Erkrankung stellte er mir diese, ohne zu zögern, aus. Ich sehe ihn bildlich vor mir, wie er immer wieder den Kopf schüttelte, wenn er den Krankheitsverlauf und die bisherigen Diagnosen betrachtete. Der Verlauf war auch für ihn als Mediziner unglaublich.

Nach mittlerweile rund vier Monaten Krankengeldbezug telefonierte ich jetzt regelmäßig mit meinem Gesundheitsberater von der Krankenkasse und hielt ihn auf dem neuesten Stand. Es waren sehr verständnisvolle Gespräche und es wurde kein Druck auf mich ausgeübt, was ich positiv empfand. Im Hintergrund tickte trotzdem die virtuelle Krankengelduhr von maximal 78 Wochen. Allerdings ging ich weiterhin nicht von einer längeren Erkrankungsdauer aus. Ich versuchte, es noch entspannt zu sehen.

Trotz allem nahm ich ersten Kontakt mit meiner Versicherungsgesellschaft auf und erkundigte mich bezüglich der Regularien, um gegebenenfalls Leistungen aus der privaten Berufsunfähigkeitsversicherung zu beantragen. Bei dem Versicherungsabschluss vor 22 Jahren hatte ich mich ernsthaft gefragt, ob ich denn so eine Versicherung jemals benötigen würde. Heute weiß ich, dass es die richtige Entscheidung war. Nach Ablauf der 6-monatigen Wartefrist im Krankheitsfall stellte ich den 17-seitigen Leistungsantrag, der 2 Wochen später genehmigt wurde. Uns allen fiel ein Stein vom Herzen. Durch die Berufsunfähigkeitsversicherung wurde uns so manche finanzielle Last abgenommen. Es ist ja nicht nur, dass ich durch den Krankengeldbezug Abschläge zu meinem normalen Gehalt hinnehmen musste, sondern ich hatte auch weitere Aufwendungen für Krankenhauszuzahlungen, Rezepte und Verordnungen. Weiterhin mussten die Rechnungen für Heilpraktiker, Osteopath und TCM-Arzt beglichen werden. Ohne die Berufsunfähigkeitsversicherung wäre das nicht so einfach möglich gewesen.

Ich erinnerte mich, dass mir im Rahmen der Rehabilitationsmaßnahme die Beantragung eines Schwerbehindertenausweises nahegelegt wurde. Dagegen wehrte ich mich zuvor vehement. Nachdem zu meiner Fallhand noch das Schilddrüsenkarzinom hinzukam, willigte ich innerlich ein und stellte mit Unterstützung eines Sozialverbandes den Antrag auf Feststellung des Behinderungsgrades. Wegen des entfernten Tumors sollte eine Einstufung von mindestens 50 % erfolgen. Hinzu kam noch die Einschränkung der linken Hand. Ich stellte mich ergebnisoffen auf ein langes und kraftraubendes Verfahren ein, denn ich hatte ja bereits einschlägige Erfahrungen mit den Ämtern gesammelt. Die Deutsche Rentenversicherung ließ grüßen. Zu meiner Überraschung wurde mir nach ungefähr einem

Monat der positive Bescheid übersandt und wegen diverser Punkte ein Grad der Behinderung von mehr als 50 % (= GdB) bescheinigt. In der Zukunft führte ich neben dem Personalausweis ein kleines grünes Kärtchen mit – meinen Schwerbehindertenausweis. Auch wenn dieser Ausweis mir einen Nachteilsausgleich bietet, freundete ich mich bis zum heutigen Tage nicht mit ihm an. Sinnvoll war die Beantragung dennoch!

Inzwischen hatte ich einen neuen Brief von der Deutschen Rentenversicherung erhalten. Sie baten mich, einen medizinischen Gutachter aufzusuchen, um meinen aktuellen Gesundheitszustand feststellen zu lassen. Zur Auswahl wurde mir wegen der speziellen fachlichen Materie und der zeitlichen Dringlichkeit ein einziger Neurologe gestellt. Ein Witz! Mangels Alternativen blieb mir nichts anderes übrig und mit dem Glauben einer unabhängigen Begutachtung vereinbarte ich einen Termin. Ich hoffte, dass danach wenigstens mein Anliegen abschließend und positiv entschieden werden würde.

Zwei Wochen später suchte ich den Gutachter in seiner Praxis auf. Die extravagante Einrichtung und der tolle Ausblick aus dem Penthouse beeindruckten mich nicht. Im Vordergrund stand für mich die Genehmigung der beantragten Rehamaßnahme. Von der Entscheidung hing viel ab und daher ging ich aufgeregt dorthin.

Der Arzt kam trotz der vorher eingereichten Unterlagen vollkommen unvorbereitet in das Gespräch, was mich zunächst irritierte. Auf sein Nachfragen erzählte ich zum gefühlt tausendsten Mal meine Krankengeschichte und beantwortete Fragen zur Sozialanamnese. Dabei führte ich aus, wie ich den Tag gestaltete, wie viel Zeit ich für Eigenübungen nutzte und wie häufig ich zur Physio- und Ergotherapie ging. Meine Offenheit sollte mir später zum Verhängnis werden. Im Gespräch machte ich ihm unmissverständlich klar, dass ich diese

Rehabilitationsmaßnahme dringend benötige, um die Funktionen in der linken Hand zu verbessern, damit ich meine alte Tätigkeit erneut aufnehmen kann. Ich wollte unbedingt wieder arbeiten.

Der Neurologe führte die üblichen medizinischen Tests bezüglich Kraft und Koordination durch. Der Kraftverlust der linken Hand war unverkennbar. Eine Ansteuerung der Hand war immer noch nicht möglich. Er bescheinigte mir, dass ich zum gegenwärtigen Zeitpunkt nicht arbeitsfähig sei. Konfrontiert mit der Frage, wo er die Ursache vermuten würde, hielt er sich bedeckt. Das war anscheinend nicht seine Aufgabe.

Zum Abschluss führte er eine meiner „Lieblingsuntersuchungen" durch: ein EMG. Nach kurzer Vorbereitung suchte eine feine Nadel ihren Weg Richtung Muskelgewebe. Autsch! Zu meinem großen Erstaunen konnte er bei Belastung schwache Aktionspotentiale messen. Daraufhin fragte er mich, ob solche Aktivitäten bereits gemessen wurden. Diese Frage verneinte ich und war ansonsten sprachlos zugleich. Vorherige Messungen zeigten lediglich Spontanaktivitäten. Sollte es jetzt endlich wieder aufwärtsgehen? Ja – zumindest hoffte ich es!

Über die Rehabilitationsbeurteilung wollte der Arzt mir keine abschließende Auskunft geben. Ich war mir jedoch vermeintlich sicher, dass ich wegen meines Alters, dem unbedingten Willen, der gezeigten Eigeninitiative und der jetzt positiven Messung die Genehmigung der Reha erhalten würde. Zuversichtlich fuhr ich heim.

In dieser Lebensphase war für mich Fokussierung ungemein wichtig. Hierfür musste ich jedoch zuerst den Kopf freibekommen. Nach dem letzten Klinikaufenthalt und der Beantwortung der quälenden Frage bezüglich meiner Kinder warf ich den alten Ballast ab und konzentrierte mich auf Neues.

Erst jetzt konnte ich meine Kraft und Energie anderweitig einsetzen. Auch wenn der Papierkram lästig war, hing einiges davon ab, insbesondere finanziell. Stetig arbeitete ich die Aufgaben ab und gab 100 % im Rahmen meiner Möglichkeiten. Die wichtigsten Punkte erledigte ich zuerst. Ich ließ mich auch durch unangenehme Themen nicht abbringen.

Fokussierung und Priorisierung waren der Schlüssel!

KAPITEL 19

Die Beschwerlichkeit des Alltags

Nach den vielen Krankenhausaufenthalten und Terminen folgte eine gewisse Zeit von gefühlter Normalität. Ich war zu Hause und konnte wieder am Leben teilnehmen. Begünstigt wurde dies durch die gute Einstellung des Schilddrüsenhormonspiegels mittels Tabletten. Ich hatte inzwischen den für mich idealen Hormonspiegel erreicht. Und das alles ohne erkennbare Nebenwirkungen – keine Selbstverständlichkeit. Doch die Einschränkungen in der linken Hand behinderten mich weiterhin massiv und ich versuchte, das Leben so gut es ging zu bewältigen. Das war oft nicht einfach. Die folgenden Alltagssituationen zeigen hoffentlich anschaulich, was ich damit meine.

Es begann nach dem Aufstehen und der morgendlichen Routine im Bad. Handgriffe, die in der Vergangenheit von Automatismen geprägt und selbstverständlich waren, fielen mir schwer, mussten gut überlegt sein und brachten mich zum Verzweifeln. Ich konnte beispielsweise die Zahnseide nicht mehr benutzen, weil mir die Koordination mit beiden Händen aufgrund der Instabilität und der fehlenden Kraft in meiner linken Hand nicht möglich war. Die Hand kippte weiterhin willkürlich weg. Das Auftragen des Rasierwassers nach der Rasur im Gesicht war nahezu filmreif – allerdings nur für eine schlechte Komödie. Ich gab etwas Aftershave in die linke Hand, verteilte es mit beiden Händen einigermaßen gleichmäßig und warf dann förmlich die linke Hand in mein Gesicht. Was im ersten Moment lustig klingen mag, war es aber nicht. Trotzdem war es einer meiner Lifehacks im Alltag.

In der Küche angekommen, um mir das Frühstück zuzubereiten, stellten sich schon die nächsten Herausforderungen. Durch den fehlenden Halt in der linken Hand entglitten mir in der Erkrankungszeit einige Teller, Messer, Lebensmittel oder Katzenfutterschüsseln samt Inhalt, sodass ich vorwiegend auf Plastikgeschirr auswich und viel aufputzen durfte. Dabei möchte ich aber klarstellen: Die Sachen flogen nicht etwa aus Frust durch den Raum, sondern weil sie mir schlichtweg auskamen.

Das anschließende Essen gestaltete sich ebenfalls schwer, denn ich konnte den Löffel oder die Gabel nicht wie sonst mit der linken Hand zum Mund führen. Entweder fiel mir das Essen vorher herunter oder ich musste mit einer komisch anzusehenden, verkrampften Arm-/Kopfbewegung nachhelfen. Da ist es nicht verwunderlich, dass ich manchmal die Lust am Essen verlor. Ich fühlte mich wie ein Behinderter, konnte jedoch weiterhin nicht akzeptieren, dass ich eine Schwerbehinderung hatte.

Beim Spielen mit den Kindern überwog größtenteils die Frustration. Ich tat mich schwer beim Puzzeln, die Teile zu greifen. Beim Lego-Bauen benötigte ich stets beide Hände und damit war das Nachbilden der teils eh schon komplizierten Bauanleitungen im Vorhinein zum Scheitern verurteilt. Auf der grünen Wiese ging die Desillusion weiter. Mein großer Sohn liebte es, mit mir im Garten Fußball zu spielen. Das Hin- und Herschießen der Bälle bereitete mir keine Probleme, doch wehe, es kam ein Ball hoch auf mein Tor.

Aus Angst vor Verletzungen setzte ich nur die rechte Hand ein. Der einhändige Torwart war eine schlechte Option und so kassierte ich viele Tore.

In meiner Freizeit spielte ich gerne am Computer. Das war jetzt nicht mehr möglich. Wie bei fast allen Spielen nutzte ich die rechte Hand für die Maussteuerung und die linke Hand für die Tastatureingaben. Letzteres ging nicht, nachdem die Finger kraftlos und unkontrolliert in die Tastatur einsanken. Mit nur einer funktionierenden Hand war das Spielen nicht möglich und somit ließ ich es gänzlich bleiben. Den Computer nutzte ich jetzt nur noch im Bedarfsfall zum Briefeschreiben. Im Zwei-Finger-Suchsystem jagte ich über die Tastatur auf der Suche nach den Buchstaben. Blindes 10-Finger-Schreibsystem ade. Es war ungewohnt, frustrierend und extrem anstrengend.

Meine sportlichen Aktivitäten stellte ich fast gänzlich ein. Durch die Vielzahl der Krankenhausbesuche wurde ständig der Rhythmus unterbrochen und zudem fehlte mir die Stabilität in der Hand für viele Übungen. Beim gelegentlichen Laufen trug ich einen Wristguard vom Inlineskaten, damit die Hand stabilisiert wurde. Wohl fühlte ich mich dabei aber nicht. Außerdem waren die Klinikaufenthalte körperlich sehr belastend, insbesondere die Immunglobulintherapie.

Immerhin übte ich noch meine ehrenamtliche Tätigkeit als Fußballtrainer einer E-Jugendmannschaft aus. Diese Aufgabe gab mir Halt, denn es war gefühlt so ziemlich das Einzige, was ich ohne große Einschränkungen ausüben konnte. Und das Gefühl, etwas leisten zu können, war enorm wichtig für mich. Nur hier bekam ich noch eine Bestätigung für meine Arbeit. Ansonsten verdiente ich mein Geld quasi fürs Nichtstun. Und das war für mich absolut nicht erfüllend.

Durch die Erkrankung war ich außerdem sehr in meiner Mobilität eingeschränkt. So oft es ging, legte ich die Wege zu Fuß zurück. Fahrradfahren war leider nicht möglich, da ich die linke Bremse nicht mehr betätigen konnte. Beim Autofahren fühlte ich mich vor allem in der Anfangszeit nicht sonderlich sicher. Daher nutzte ich überwiegend die öffentlichen Verkehrsmittel.

Manchmal hatte ich das Gefühl, dass nicht jeder meine Situation richtig verstehen konnte. Unzählige Male wurde zu mir gesagt: „Sei froh, dass es nur die linke Hand ist. Mit der rechten Hand kannst du ja noch alles machen.“ Diese Aussage war zwar fast korrekt und natürlich war ich als Rechtshänder froh, dass hauptsächlich die andere Seite betroffen war, jedoch merkt man erst im Alltag, wie häufig man beide Hände einsetzt. Das war den Leuten nicht richtig bewusst und mir zuvor ehrlich gesagt auch nicht.

Meine persönlichen Erfahrungen in dieser Zeit zeigten: Entweder ich konnte diverse Aktionen langsamer, schwerer oder gar nicht mehr ausführen. Vor allem Letzteres. Das war Fakt. Trotz der Einschränkungen versuchte ich, mir das Leben schön zu gestalten. Und das tat ich auch! Dabei wurde mir bewusst, dass neben der Familie meine Freunde und großartige Erlebnisse eine absolut tragende Rolle in meinem Leben spielen.

Die einschneidenden Ereignisse veränderten mein Leben schlagartig. Ich befand mich auf dem besten Weg in eine große Krise hinein. Doch intuitiv handelte ich richtig und steckte nicht zurück, sondern versuchte, die Einschränkungen durch die Erkrankungen zu akzeptieren und intensiver am Leben teilzunehmen.

Dabei möchte ich nichts schönreden, denn natürlich war ich oft frustriert, dass ich einiges nicht mehr konnte wie zuvor. Ich gab jedoch nicht auf und kam ins Handeln, anstatt in Lethargie zu verfallen. Mit der nötigen Akzeptanz schaffte ich es, wieder im Alltag anzukommen. Und damit entwickelte sich bei mir eine gewisse positive Eigendynamik. Ich war zurück im Leben und kämpfte.

Solltest du jemals spüren, dass du dich auf dem Weg in eine Lebenskrise befindest, dann kann ich dir folgenden Rat geben:

Akzeptiere die Gegebenheiten und komme ins Tun, damit du diesen Zustand schnellstens änderst.

KAPITEL 20

Freunde und Erlebnisse

Gute Freunde, die vor allem in schweren Zeiten zu einem stehen, sind enorm wichtig. In meiner Erkrankungszeit trennte sich die Spreu vom Weizen und ich durfte erkennen, wer zu mir steht. Ich bin denen, die sich zurückgezogen hatten, heute nicht böse. Wahrscheinlich waren sie einfach selbst mit der Situation überfordert oder wussten nicht, wie sie sich mir gegenüber verhalten sollten. Erfreulich, dass diese Gruppe bei mir eine kleine Minderheit darstellte.

Warum sind in schwierigen Zeiten Freunde und damit verbunden gute Gespräche so wichtig? Ich möchte es dir gerne erklären! Daher bitte ich dich, dich auf folgendes Experiment einzulassen. Gehen wir auf eine Art Traumreise. Schließe hierzu die Augen und stelle dir vor, dass du plötzlich deinen Beruf nicht mehr ausüben kannst, weil du erkrankt bist. Du weißt nicht, wohin der Weg dich führt, und du fühlst dich wertlos. Durch dein Handicap nimmst du nur noch beschränkt am Leben teil. Zusätzlich wird es finanziell immer enger und du musst dich einschränken. Du sitzt alleine zu Hause und starrst gegen die weiße Wand. Wie fühlt sich das für dich an? Sicherlich nicht gut! Was würde dir in dieser Situation am meisten helfen? Überlege bitte kurz, bevor du weiterliest!

In dieser Lebenssituation haben mir meine Freunde mit vielen guten Gesprächen geholfen! Mit einer ehrlichen und ernstgemeinten Frage: „Wie geht es dir im Moment?“ begannen zahlreiche gute Unterhaltungen mit Freunden, Arbeitskollegen oder meinem Chef. Diese Gespräche waren nie einseitig und niederschmetternd, sondern beidseitig befreiend und man erfuhr auch viel vom anderen. Daher meine Bitte an dich, verehrte Leserin, verehrter Leser: Sollte ein Freund oder Arbeitskollege schwerer erkranken und dir etwas an ihm liegen, lass ihn nicht alleine und schenke ihm deine Zeit mit guten Gesprächen. Sie oder er wird es dir danken!

In meiner Erkrankungszeit durfte ich viele tiefsinnige Unterhaltungen führen und lernte manchen Menschen von einer anderen, positiven Seite kennen. Ich kann mich besonders gut an einen Freund erinnern, der nach meinen Erzählungen über die Krebserkrankung mit den Tränen ringen musste. Es ging ihm persönlich sehr nahe – und mir ging seine Reaktion ebenfalls nahe! Auch wenn es den Umstand nicht bräuchte, war es schön zu sehen, wie wichtig ich ihm war. Dieses Erlebnis verbindet uns heute mehr denn je und unsere Freundschaft wuchs darüber hinaus. Ich kann es nur noch einmal betonen: Freunde sind sehr wichtig, egal in welcher Lebensphase!

Eine weitere bedeutende und tragende Säule während meiner Erkrankung waren große Erlebnisse. Sie sind fast überlebenswichtig, um auch einmal Abstand vom Krankheitsalltag mit Krankenhaus, Therapien & Co. zu gewinnen. Diese kurzen Auszeiten gönnte ich mir und genoss das Leben in vollen Zügen.

Neben dem Besuch von Fußballspielen meines Lieblingsvereins, der Ausstellung der Terrakottaarmee, einem amerikanischen BBQ-Grillseminar, diversen Persönlichkeitsseminaren und atemberaubenden Konzerten möchte ich auf meine absoluten Top-3-Highlights eingehen, die mich bewegt hatten.

Platz Nummer 3 belegt ein Musikfestival der speziellen Art: ein großes Gothic-Festival in Köln. An zwei Tagen wurde das schwarz angehauchte Publikum mit einem vielfältigen Musikprogramm versorgt von Alternative über Elektro bis zu Mittelalterrock. Über zehntausend Besucher aus ganz Deutschland und aus Europa nahmen an diesem in der Szene sehr bekannten Festival teil – und ich war mittendrin!

Gut, dass sich bei dem Freiluftevent das Wetter bei schönstem Sonnenschein präsentierte. Wir feierten uns und das Leben. Zu den Klängen der Musik schaltete ich gänzlich ab, war beeindruckt von den besonderen Menschen um mich herum und tauchte in eine fremde Welt ein. Ähnlich wie bei „Alice im Wunderland" von Lewis Carroll – nur das schwarze, etwas düstere Pendant dazu. Die Pausen verbrachte ich am künstlich angelegten Sandstrand direkt am Rheinufer und entspannte mich. Im Hintergrund hörte man die Livebands als musikalische Untermalung.

Musik ist ein wichtiger Baustein in meinem Leben und begleitet mich durch dick und dünn. Ich fühlte mich auf dem Festival fantastisch und vergaß für einen Moment völlig, in welcher gesundheitlichen Lage ich mich befand. Diese kurze Auszeit tat mir gut!

Auf Platz 2 der Toperlebnisse stand der Besuch eines DFB-Pokalspiels meiner Lieblingsmannschaft. Die Eintrittskarten bekam ich von einem guten Freund geschenkt. Zusammen mit ihm, seiner Frau und meiner Ehefrau fuhren wir zum Stadion – Shuttleservice inklusive!

Es waren aber nicht irgendwelche Karten, es waren V.I.P.-Eintrittskarten mit Catering-Service und Sitzplätzen auf der Haupttribüne. Nach der Eingangskontrolle machten wir vor dem DFB-Pokalreplikat tolle Fotos voneinander und gönnten uns ein leckeres Abendessen in der Lounge. Gut gestärkt nahmen wir unsere Plätze ein und sahen ein klasse Fußballspiel. In unmittelbarer Sitzplatznähe saßen aktive Spieler meines Lieblingsvereins, die nicht im Kader berücksichtigt wurden. Ich saugte mit jeder Pore des Körpers sämtliche Einflüsse auf und es wurden massig Endorphine ausgeschüttet. Ich sah mit ganz lieben Menschen um mich herum einen grandiosen Fußballabend, der zum Abschluss mit einem fulminanten Heimsieg meiner Mannschaft gekrönt wurde. Fußball mit seinen Aufs und Abs gehört zu meinem Leben!

Das absolute Highlight war jedoch das Treffen mit einem Freund aus der Vergangenheit. Dies war mir schon lange ein tiefes Bedürfnis und Bestandteil auf meiner Löffelliste. In meinem Buch verzichte ich bewusst auf die Nennung von Namen und werde in diesem besonderen Fall eine Ausnahme machen. Daniel ist ein guter Freund von mir, den ich jedoch zuvor nie gesehen hatte. Wie geht das denn, wirst du dich fragen? Ich möchte es dir erklären. Daniel hatte ich kennengelernt zu meiner aktiven Spielzeit in einem Onlinerollenspiel. Wir kamen schnell ins Gespräch, waren auf einer Wellenlänge und die Unterhaltungen gingen weit über das Spiel hinaus. Privat wussten wir beide so ziemlich alles voneinander. Und weil wir uns sympathisch waren, wollten wir uns treffen. Es kam aber leider immer etwas dazwischen. Nach einer längeren Spielpause verloren wir uns aus den Augen und ich konnte ihn nicht mehr erreichen. Ich recherchierte im Internet und nach diversen Telefonaten wurde ich endlich fündig. Ich machte mich auf den Weg zu ihm, um mein Versprechen einzulösen. Am Tor seiner Unterkunft war keine Klingel angebracht und ich ging durch die unverschlossene Tür hindurch. Etwa hundert Meter weiter stand ich alleine vor ihm. Viel mehr vor seinem Grab und legte eine Schale nieder, die ich zuvor mit viel Liebe selbst bepflanzt hatte. Das war mir wichtig!

Der Ausblick von seiner letzten Ruhestätte aus war wunderschön mit Blick in die Weinberge. Ich sank auf die Knie und dann brachen alle Dämme. Ich heulte lange Zeit an seinem Grab, wie ich es schon lange nicht mehr gemacht hatte. Ich kam zu spät. Das war nicht zu ändern! Und das wurde mir jetzt brutal bewusst. Immer wieder fragte ich mich, warum er mit seinen jungen 38 Jahren gehen musste. Eine Antwort gab es natürlich nicht!

Die Krankheit griff nicht nur in mein Leben ein, sondern bewirkte indirekt viel in meinem Umfeld. In dieser Zeit hatte ich sehr offene Gespräche mit der Familie, den Freunden und meinen Vorgesetzten. Reden befreite mich von den erdrückenden Sorgen, machte meine Situation gegenüber anderen verständlich und schweißte persönlich fest zusammen.

Freunde sind einfach alles im Leben und Erlebnisse sind die Würze des Daseins. *Vor allem sind es Momente, die einem niemand mehr wegnehmen kann. Ich erkannte, dass beides zusammen die* ***tragenden Säulen im Leben*** *sind. Besonders in Krisenzeiten sind sie von unschätzbarem Wert, um den Alltag hinter sich zu lassen und wieder Kraft zu tanken. Das Einzige, was darüber steht, ist die Gesundheit.*

Eine wichtige Erkenntnis will ich dir noch mitgeben! ***Wenn dir im Leben etwas wirklich wichtig ist, dann mache es noch heute, denn vielleicht gibt es kein Morgen mehr!***

KAPITEL 21

Kilometer 35

Zurück im realen Leben unternahm ich in meiner freien Zeit alles, um die Nerven im linken Arm irgendwie anzuregen. Ich ging regelmäßig zum Heilpraktiker, zum TCM-Arzt und zum Osteopathen. Weiterhin war ich jeweils zweimal wöchentlich bei der Krankengymnastik, bei der medizinischen Trainingstherapie und bei der Ergotherapie. An den Terminen war ich nicht nur anwesend, sondern jede aktivierte Zelle meines Körpers gab 110 % Leistung, denn ich wollte möglichst schnell Erfolge erzielen. Dafür gab ich echt alles! Und ich glaubte daran!

Zu Hause angekommen, ging es mit dem Trainingsprogramm weiter. Zwischenzeitlich hatte ich mich mit diversen Trainingsgeräten ausgerüstet. Einen hohen dreistelligen Betrag investierte ich in teils professionelle Geräte, da Ausleihen auf Dauer deutlich teurer gekommen wäre. Damit stand der Eröffnung meiner persönlichen Therapiepraxis nichts mehr im Wege. Doch das war nicht meine Intention. Ich wollte einfach nur schnell wieder gesund werden.

Je nach Tagesprogramm trainierte ich daheim bis zu zwei Stunden zusätzlich mit unterschiedlichen Schwerpunkten. Mit dem Rapsbad versuchte ich, die fehlende Sensibilität der Hände anzuregen. Das EMS-Gerät stimulierte die Muskeln, die ich nicht ansteuern konnte.

Das Ultraschallgerät kümmerte sich allgemein um das Gewebe im Arm. Mit geführten Übungen arbeitete ich an der Muskulatur und gegen die Sehnenverkürzungen in der Hand. Tag für Tag. Woche für Woche. Monat für Monat. Doch egal wie energisch ich dabeiblieb, der gewünschte Erfolg stellte sich leider nicht ein. Ich bildete mir zwar immer wieder ein, dass die Fingerstreckung der linken Hand besser funktionierte oder sich die Motorik minimal verbesserte, doch unterm Strich tat sich reichlich wenig. Es war für mich frustrierend, dass sich trotz der emsigen Bemühungen kein sichtbarer Erfolg einstellte. Ich kämpfte dennoch weiter! Aufgeben war eben keine Option!

Ich kam mir langsam vor wie die Hauptfigur in der berühmten griechischen Sage Sisyphus. In dieser Geschichte erhielt der ehemalige König von Korinth wegen einiger Verfehlungen eine Strafe. Er musste einen schweren Felsbrocken einen steilen Hang hochrollen. Immer, bevor er den Gipfel erreichte, entglitt ihm der Brocken und rollte ins Tal. Er musste von vorne beginnen. Es war eine echte Sisyphusarbeit und kein Ende in Sicht! Das erinnerte mich stark an meine eigene Lebenssituation.

Um wieder gesund zu werden, lief ich bildlich gesehen den Marathon meines Lebens und dafür wollte ich die Extrameile gehen. Nur egal was ich auch unternahm, es verbesserte sich scheinbar nichts. Ich fühlte mich wie bei Kilometer 35, der unter Marathonläufern bekannt und gefürchtet ist. Da kam der berühmte Mann mit dem Hammer und damit der Leistungseinbruch. Ich fühlte mich leer und es sah aus, als ob ich das Ziel aus den Augen verlieren könnte. In dieser Phase hinterfragte ich oft den Sinn meiner Handlungen. Am liebsten hätte ich einfach alles hingeschmissen. Ich merkte, dass die Imponderabilien des Lebens manchmal ganz schön gemein sein können. Doch ich gab nicht auf und blieb eisern dran! Und das weiterhin mit 110 % Leistung.

Meine Ehefrau und die Kinder sahen meine Bemühungen, dass sich nach wie vor nichts besserte und manchmal auch meine Frustration. Ich erfuhr immer wieder ganz viel Liebe und Unterstützung von ihnen und werde eine Szene bestimmt nicht vergessen. Es war einer dieser Tage, an denen ich mehr realisiert hatte, dass ich keine Fortschritte machte. Die Enttäuschung war mir wohl richtig ins Gesicht geschrieben und ich war antriebslos. Da kam mein großer Sohn auf mich zu und sagte: „Papa, du musst weitermachen. Das wird schon wieder. Du wirst wieder gesund!" Mit Tränen in den Augen drückte ich den großen Motivationsbringer. Was für ein toller Sohn! Anschließend wischte ich mir die Tränen aus dem Gesicht und machte mit den Übungen weiter – das Ziel wieder klar vor Augen!

Um den Verdienstausfall und die anfallenden Kosten für Zuzahlungen, alternativmedizinische Behandlungen oder Trainingstherapie etwas auszugleichen, hatte meine Frau die Arbeitszeit um ein paar Stunden aufgestockt. Die arbeitsbedingte Mehrbelastung und meine Erkrankung forderten jedoch auch bei ihr ihren Tribut. Um diese Abwärtsspirale zu stoppen, beantragte sie eine Mutter-Kind-Kur. Nach Überprüfung durch den medizinischen Dienst genehmigte die Krankenkasse den Aufenthalt für drei Wochen in einer Kureinrichtung. Zusammen mit den Kindern konnte sie den Akku wieder aufladen und hatte Zeit, etwas herunterzukommen. Für die Kinder war es natürlich durch das vielfältige Angebot eine willkommene Abwechslung.

Und auch ich merkte, dass es bei mir so nicht mehr weitergehen konnte. Der Punkt war eigentlich schon lange überschritten. Ich konnte nicht mehr und fühlte mich kraftlos. Es war Zeit, etwas zu ändern! Nur was? Die Lösung hatte ich nach intensiven Überlegungen parat: Ein paar Tage abschalten, raus aus der Alltagsspirale und neue Kraft tanken. Hierzu schwebte mir ein verlängertes Wochenende in Österreich zum Wandern vor. Einem guten Freund erzählte ich von meinen Plänen und konnte ihn schnell dafür begeistern. Nachdem es zeitlich auch bei ihm passte, stellte sich für mich nur noch eine Frage: Darf ich trotz Krankschreibung ins Ausland fahren?

Nach kurzer Recherche im Internet erhielt ich schnell die Antwort. Mit dem Einverständnis meines derzeitigen Brötchengebers, in meinem Fall die Krankenkasse, dürfte ich nach Österreich verreisen. Ein kurzes Telefonat später mit dem Gesundheitsberater lieferte mir mehr Klarheit. Im Ausnahmefall würde positiv über den Urlaubswunsch entschieden werden, wenn mir der Hausarzt ein Attest ausstellt, dass die Reise meiner Gesundheit nicht schadet und für den Gesundungsprozess dienlich sei. Danach musste der medizinische Dienst über den Antrag entscheiden. Soweit die Bürokratie.

Am nächsten Morgen besorgte ich das erforderliche Attest, reichte es bei der Krankenkasse mit einer persönlichen Stellungnahme ein und wartete auf eine Antwort. Nach drei Tagen bekam ich die ersehnte Rückmeldung. Für den beantragten Zeitraum von fünf Tagen durfte ich nach Österreich reisen. Ich war sehr erleichtert und freute mich über die positive Entscheidung. Ich empfand es nicht als Selbstverständlichkeit, denn ich hatte in der Vergangenheit diverse negative Erfahrungen mit Ämtern und Behörden gesammelt. Diesmal nicht und damit konnte es losgehen! Raus aus meinem Alltag.

Mit einer hohen Intensität verfolgte ich mein Ziel und blieb trotz ausbleibenden Erfolgs beharrlich bei der Sache. Nichts sollte mich stoppen! Ich gab Vollgas.

Immer! Doch nach einiger Zeit ging es mir bildlich gesehen wie einem vollgetankten Auto auf einer längeren Fahrt. Solange genügend Benzin im Tank war, fuhr es verlässlich seinen Weg. Spätestens mit Aufblinken der Tankanzeige muss jedoch eine kurze Tankpause eingelegt werden, damit die Reise weitergehen kann. Ohne Zwischenstopp ist eine Benzinpanne unausweichlich.

Diese Metapher passte bildlich sehr gut auf meine Situation. Meine Energie war verbraucht und ich benötigte eine Pause zur Erholung, um Kraft zu tanken. Anschließend konnte ich meinen Weg weiterverfolgen.

Ausdauernd seine Ziele zu verfolgen, ist wichtig. Keine Frage! Doch vergiss nie, Auszeiten auf deinem Weg einzulegen, wenn du sie benötigst. Den Zeitpunkt bestimmt dein inneres Ich.

Wie sieht es bei dir mit Pausen aus? Gestehst du dir selbst Auszeiten ein, wenn du welche nötig hast?

KAPITEL 22

Wanderung der Besinnung

Die Koffer waren gepackt. Die Vorfreude war groß! Es konnte losgehen. Mein Freund holte mich mit dem Auto ab und wir fuhren am Spätnachmittag nach Österreich. Der Feierabendverkehr hatte sich etwas gelichtet und wir kamen entspannt in Irdning an. Nachdem wir uns in der Ferienwohnung häuslich eingerichtet hatten, gingen wir früh zu Bett.

Am nächsten Morgen machten wir uns zur ersten Wanderung auf. Das Ziel war der Reichenstein bei Eisenerz in der schönen Steiermark. Die Auswahl des Berges kam nicht von ungefähr, denn er stand weit oben auf meiner Löffelliste. Um dir zu erklären, warum ich mir diese Tour ausgesucht hatte, muss ich etwas ausholen.

Mein Urgroßvater schloss sich vor rund einhundert Jahren mit einer kleinen Gruppe Männer zur Gründung einer Schürfgesellschaft zusammen. In ihrer Freizeit schürften sie am Fuße des Eisenerzer Reichensteins in einem Stollen nach quecksilberhaltigem Erz. Zuvor transportierten sie auf 1500 Meter Höhe das Material zum Aufbau einer kleinen Werkzeughütte. Die Hütte wurde direkt neben dem Stollen errichtet. Mein Großvater war als Kind häufig bei dieser schwierigen Aktion dabei und auch später oft oben auf der Alm. Nach ca. 20 Jahren wurde der Bergbau wieder eingestellt, nachdem sich die Förderung mangels Ertrages nicht weiter lohnte. Das Nutzungsrecht der Hütte verblieb jedoch in unserer Familie.

Meine Großeltern hatten anschließend die Werkzeughütte mit viel Schweiß und in liebevoller Kleinarbeit zu einer schönen wohnlichen Hütte ausgebaut mit Holzofen, Stockbetten und ausreichend Sitzgelegenheiten. Frisches Wasser kam gleich neben der Hütte aus einem Rohr, welches von einer Bergquelle abgezapft wurde. Vor der Hütte stand eine Holzbank und man hatte einen landschaftlich wunderschönen Blick auf den tiefer liegenden, klaren Krumpensee, die weite Alm mit den umrahmenden Bergen und den mächtig wirkenden Eisenerzer Reichenstein zur linken Seite.

Fortan wurde das Häuschen von Familie und Freunden für Ausflüge genutzt. Im Alter von 10 Jahren war ich zusammen mit meinen Eltern dort, um für ein paar Tage Urlaub zu machen. Es war einer der letzten Urlaube mit meinem Vater und mir daher ein dringendes Bedürfnis, an diese für mich historische Stätte zurückzukehren.

Der Wecker riss uns um 6:00 Uhr in der Früh aus dem Schlaf. Nach einem ausgiebigen Frühstück fuhren wir nach Trofaiach in der Steiermark. Zwei Stunden später kamen wir an der Hirnalm an und wir starteten mit der Wanderung.

Bestens ausgerüstet mit Wanderschuhen, Wanderstöcken und einem vollgepackten Rucksack mit Proviant zogen wir los. Der Weg führte über Schotterwege in den Wald. Neben der Steigung wurde auch das Terrain anspruchsvoller. Es ging in nicht homogenen Treppen über Steine und Baumwurzeln immer weiter nach oben. Für ungeübte Nichtsportler wie uns bereits eine Herausforderung. Zwei Stunden später hatten wir das erste Zwischenziel erreicht. Nach dem Durchschreiten eines Viehzauns blickten wir auf ein malerisches Tal mit Blick auf den Reichenstein. Es war wie in meinen Erinnerungen.

Die Bergkühe grasten friedlich um uns herum und die frische Bergluft blies uns ins Gesicht. Einen kleinen Augenblick hielten wir inne, bevor wir uns aufmachten, die Familienhütte zu erreichen. Im Vorfeld wurde ich von meinem Onkel vor deren Zustand gewarnt. Die Hütte war ein Opfer der Natur geworden und stand aufgrund eines Hangrutsches schief. Sie konnte nicht mehr betreten werden und war nur noch eine Ruine. Das tat mir weh. Neben der Hütte war der Stolleneingang, welcher durch eine schwere Tür gesichert wurde. Seitlich vom Eingang befanden sich Beschriftungen, die mein Großvater eingemeißelt hatte. Mit Blick auf den Berg kamen viele schöne Erinnerungen hoch. Ich war froh, dass ich diesen Moment noch erleben durfte!

Nach einer ausgiebigen Bergbrotzeit machten wir uns auf, den Berg zu erklimmen. Die Wege waren steinig, steil und teils mit Barrieren versehen. Immer wieder kam ich an Stellen, an denen ich beide Hände einsetzen musste, um daran vorbeizukommen. Es waren keine gefährlichen Situationen und trotzdem fühlte ich mich unwohl. Zudem war ich das Wandern nicht gewohnt. Und mit meiner linksseitigen Fallhand konnte ich mich nicht einfach so an den Gesteinsmassen festhalten. Das Halten selbst war dabei nicht das Problem, sondern mehr die Bewegung hin zum Felsen. So musste ich erst meine rechte Hand nutzen, um damit die linke am Gestein zu platzieren. Das war abenteuerlich! Trotzdem gingen wir den Weg weiter, denn ich wollte auf den Reichenstein. Nach ungefähr 3 Stunden über steiniges Terrain, diverse Hindernisse und heftige Steigungen waren wir am nächsten Zwischenziel angelangt – dem Reichhals. Ein Schild wies uns den Weg nach oben zum Reichenstein: Ab hier noch eine Stunde!

Wir stärkten uns ein letztes Mal und sahen den Hang hinauf.

Der Weg nach oben zeichnete sich steil empor und war mit weiteren Hindernissen versehen. Ein Blick auf die Uhr zeigte, dass es spät war. Wir beratschlagten uns und kamen zur Erkenntnis, dass es besser sei, den Rückweg anzutreten. Hierfür gab es mehrere Gründe. Durch die fehlende Funktion in meiner Hand fühlte ich mich zunehmend unsicherer. Außerdem ließ die Kraft immer mehr nach. Und die Zeit spielte gegen uns, denn wir wollten nicht erst bei Dämmerung absteigen. Es war zwar die richtige und vor allem vernünftige Entscheidung, dennoch war es hart, kurz vor dem Ziel aufzugeben. Es half alles nichts und wir machten uns auf den Rückweg. Nach unzähligen Stunden trafen wir bei eintretender Dämmerung bei unserem Auto ein und fuhren zurück zur Ferienwohnung. So hart die Entscheidung war, es war die richtige!

Abends saßen wir bei Chips, Bier und guten Gesprächen zusammen und ließen den Tag Revue passieren. Es gab viel zu erzählen und jeder gab noch einmal seine persönlichen Eindrücke wieder. Trotz verfehltem Ziel war es ein toller Tag!

Als ich im Bett lag, gingen mir die Bilder des Tages durch den Kopf. Ich sah schemenhaft meinen Vater vor der Hütte stehen, wie er mit beiden Händen in die Hüfte gestemmt den Ausblick ins Tal genoss. Ich sehnte die Zeit zurück. Ich vermisste meinen Vater so sehr. Auch wenn ich das Ziel nicht erreicht hatte, war ich glücklich. Glücklich, mich aufgemacht zu haben und dieses Stück Vergangenheit noch einmal erleben zu dürfen.

Den folgenden Tag nutzten wir zur Erholung, denn am nächsten Tag wollten wir zu einer neuen Tour aufbrechen. Diesmal war das Ziel näher, denn wir hatten es bereits direkt vor unseren Augen. Vom Balkon der Ferienwohnung aus hatten wir einen wunderschönen Blick auf den Berg Grimming.

Diesmal wollten wir unsere Anfängerfehler der ersten Tour abstellen. Der Wecker schellte um 5:00 Uhr und wir brachen nach einem Blitzfrühstück auf. Ziel war der Gipfel des Grimmings und wir wollten keine Zeit verlieren. Nach kurzer Fahrzeit wanderten wir los.

Die Wanderung führte ebenfalls anspruchsvoll mit ordentlicher Steigung aufwärts über Waldboden, Wurzelgeflechte und die Steinmassive des Berges. Nach drei Stunden und bevorstehendem Einstieg in die Felswand war der Ausflug für mich vorbei. Die kommende Passage war zu anspruchsvoll für mich und wäre mit nur einer gesunden Hand nicht zu bezwingen gewesen. Wir vereinbarten, dass mein Freund den Weg weiter nach oben ging und ich zurück ins Tal. Ganz glücklich war ich allerdings darüber nicht, ihn alleine gehen zu lassen. Die Besteigung des Grimmings stand aber auf seiner Löffelliste und daher versuchte ich nicht, seine Pläne zu durchkreuzen. Wenn jemand im Leben ein Ziel vor Augen hat und den unbedingten Willen aufbringt, dann lasse ihn unaufhaltsam sein. Ich ließ ihn seinen Weg weitergehen.

Er war unaufhaltsam, denn er hatte das Ziel nicht nur in seinem Kopf, er war schon auf dem Weg und damit im Tun. Wie er mir später erzählte, war der Aufstieg für ihn eine Grenzerfahrung. Doch am Ende des langen und steinigen Weges wurde er mit einem herrlichen Ausblick ins Ennstal belohnt.

Für uns beide waren die Tage erlebnisreich und von vielen Eindrücken und Erfahrungen geprägt. Dabei nahm ich die wesentliche Erkenntnis mit, dass man einen Berg Schritt für Schritt besteigt. Das war mir zwar schon vorher klar, bekam jetzt aber eine ganz andere Bedeutung für mich. Ich war gewappnet für die Zukunft!

Die Wanderungen haben mir bildhaft vor Augen gestellt, dass ich nur mit stetigem Dranbleiben beharrlich ans Ziel komme. Auch wenn ich noch einen langen Weg zum Gipfel meiner vollständigen Gesundheit vor mir haben sollte, wollte ich ihn aufnehmen. Schritt für Schritt!

Zum damaligen Zeitpunkt konnte ich nicht erahnen, wie wichtig dieser Kurzurlaub für mich war. Die kurze Auszeit tat mir jedoch ausgesprochen gut. Ich konnte wieder durchschnaufen und bekam meinen Kopf frei. Weg waren all die negativen Gedanken. Ich hatte sie mir sprichwörtlich herausgelaufen und in den Bergen zurückgelassen. Nichts sollte mich jetzt aufhalten und so stellte ich mich den kommenden Herausforderungen ganz anders entgegen. Sie war wieder da! Meine starke Willenskraft, die mich in den letzten Monaten auszeichnete.

Willenskraft ist eine außerordentlich wichtige Eigenschaft. Wusstest du, dass Menschen mit ausgeprägter Willenskraft deutlich besser mit belastenden Situationen umgehen können? Warum ist das so? Diese Menschen haben das Ziel klar vor Augen und den absoluten Willen, es zu erreichen. Komme, was da wolle! Das ist zumindest meine Erfahrung.

Nun die Frage an dich: Wie willensstark bist du?

KAPITEL 23

Der langsame Weg aufwärts

Diese kurze Auszeit tat meiner Seele gut. Ich nahm die positive Energie mit in den Alltag und fühlte mich, als wenn ich Bäume ausreißen könnte. Mir wurde es zunehmend bewusster, dass ich meine Einstellung etwas verändern musste. Zuletzt hatte ich mich beispielsweise ein wenig von einer behandelnden Therapeutin irritieren lassen. Sie gab mir zu verstehen, dass bei mir irgendwann der Punkt gekommen sei, an dem ich mich mit den Einschränkungen in der linken Hand abfinden müsste. „STOPP!", schrie jetzt eine laute Stimme in meinem Kopf. Ich wollte mich nicht damit abfinden, sondern kämpfen! Hierzu war positives Denken gefordert! Nachdem ich wieder zu Hause war, schrieb ich mit großen Lettern folgende Sätze auf einzelne Papierseiten:

> *„Es ist immer zu früh, um aufzugeben!"*
> ***Norman Vincent Peale***

> *„Es ist keine Schande hinzufallen, aber es ist eine Schande, einfach liegen zu bleiben!"*
> ***Theodor Heuss***

„Jeder Tag, der vor mir liegt,
ist ein weiterer Tag Fortschritt!“
Torsten Wiermann

Diese Blätter heftete ich an meine Pinnwand, sodass ich sie jeden Tag gut sehen konnte. Die Sätze fühlten sich für mich so energiegeladen an. Ich schloss die Augen und spürte in die volle Kraft der Aussagen. Ein tolles Gefühl! Im nächsten Schritt stellte ich mir bildlich vor, wie ich die beiden Hände ganz normal bewegen konnte. Das fühlte sich in Verbindung mit den Sätzen real und supergut an. Von dem Tage an baute ich dieses Ritual in meine Morgenroutine mit ein. Und ich war mir sicher, dass ich wieder gesund werde. Dafür wollte ich hart arbeiten.

Das neue Mindset war entscheidend für den weiteren Verlauf. Zur Unterstützung holte ich mir reichlich Input aus den verschiedensten Videos und Büchern – vor allem aus dem Bereich der Persönlichkeitsentwicklung. Zu mehr innerer Ruhe fand ich durch Meditationsübungen. Hier nahm ich mir eine Mindmachine – ein audiovisuelles Stimulationsgerät – zur Hilfe, die mich tief in einen besonderen mentalen Zustand versetzte. Nach Beendigung der Meditation nutzte ich die Übergangszeit ins Diesseits, um mich mit Fragen zu beschäftigen, die mir durch den Kopf gingen.

Neben dem Geistigen veränderte ich auch körperlich einiges. Ich stellte meine Ernährung auf vitaminreiche Kost um. Die mir noch fehlenden Vitamine B12 für das Nervensystem und D3 zur Krebsvorsorge versuchte ich, mit Nahrungsergänzungsmitteln abzudecken. Ich ließ mich von nichts und niemandem abbringen und ging beharrlich meinen Weg. In den Krankengymnastik- und Ergotherapieeinheiten zeigte ich noch mehr Einsatz. Bei der medizinischen

Trainingstherapie erhöhte ich schrittweise die Gewichte. Für zu Hause stellte ich mir ein neues Trainingskonzept zusammen. Neben den eingesetzten Therapiegeräten entwickelte ich mir meinen eigenen 11-Punkte-Trainingsplan, der sich als Meilenstein herausstellen sollte. Hierbei absolvierte ich 11 kurze Übungen für jeweils eine Minute lang mit vollem Einsatz und das mindestens dreimal täglich. Im Detail sah mein 11-Punkte-Trainingsplan wie folgt aus:

1. Hände mit der Innenseite flach auf den Tisch legen, die Finger bzw. den Handrücken versuchen maximal anzuheben, kurz halten und senken.
2. Arme flach an der Stuhllehne ablegen, Handgelenk fallen lassen, Finger strecken und 5 Sekunden halten.
3. Arme am Tisch aufstellen und Handgelenk an der Kippgrenze versuchen zu halten.
4. Hände mit der Innenseite flach am Tisch ablegen, Finger spreizen und wieder zusammenziehen.
5. Hände flach auf den Tisch legen und Arme nach vorne gestreckt und nach hinten ziehen.
6. Arme am Tisch aufstellen und Handgelenk kurz vor der Kippgrenze zurück und nach vorne bewegen.
7. Hände mit der Innenseite auf den Tisch legen, die Finger einkrallen zur Faust und wieder ausstrecken.
8. Die linke Hand flach auf den Tisch ablegen und möglichst nur die Hand nebst Unterarm nach links drehen, um in die offene Hand hineinzuschauen, und wieder zurückdrehen.
9. Beide Hände flach auf den Tisch legen und mit immer mehr Druckwiderstand rechts/links kreisen.
10. Hände und Unterarm flach auf den Tisch legen und nur die Hände nach außen drehen.

11. Versuche, den Handrücken zu heben und 5 Sekunden zu halten – auch wenn es nicht ging.

Jede Übung war so konzipiert, dass ich keine Vorbereitung bzw. Geräte hierfür benötigte und damit fast überall durchführen konnte, auch im Zug oder im Wartezimmer beim Arzt. Sie waren simpel und trotzdem stark fordernd für mich. Ich führte die Übungen immer beidseitig durch, damit die neuronalen Netze im Gehirn die Verknüpfung zur linken Hand herstellen konnten.

Mit der Zeit zeigten die Umstellungen Resultate. Die ersten positiven Veränderungen bemerkte ich am Gewebe des Handrückens. Die Schwellung der linken Hand ging nach einem Dreivierteljahr langsam zurück. Nach einigen Wochen intensiven Trainings gab es endlich minimale Verbesserungen in der Motorik, die ich mir diesmal aber nicht nur einbildete. Es war real. Ich war überglücklich, denn ich konnte die Hand zunehmend besser ansteuern. Die Schritte waren klein und der Weg noch weit, doch ich wusste aus meinen bisherigen Erfahrungen: Einen Berg besteigt man Schritt für Schritt! Und ich befand mich auf dem richtigen Weg.

Innerhalb der nächsten Wochen machte ich weiterhin und beharrlich gute Fortschritte. Die Fingerstreckung ging mittlerweile problemlos und das Handgelenk konnte ich immer mehr kontrolliert ansteuern. Meine Therapeuten freuten sich mit mir über die Fortschritte.

Beim nächsten Krankenhausaufenthalt wurde diese zuvor gefühlte Verbesserung medizinisch belegt. Bei der EMG-Messung konnten geringe Einzelpotentiale abgeleitet werden. Der Kraftgrad hatte sich von 0 auf 1 (= sichtbare/tastbare Muskelkontraktionen) verbessert. Das war nicht viel, jedoch ein Anfang für die erhoffte

Aufholjagd. Über diese Entwicklung freute ich mich und fühlte mich auf meinem eingeschlagenen Weg bestätigt. Durch das stetige Training und die Therapieeinheiten, noch immer kombiniert mit TCM-Arzt und Heilpraktiker, ging es weiter bergauf. Somit bescheinigten mir die Therapeuten und die Oberärztin zum Jahresende eine Verbesserung auf Kraftgrad 2 (= Bewegungen ohne Schwerkraft möglich).

Ich konnte mein Glück nicht fassen. Mit der erfreulichen Entwicklung sah ich positiv nach vorne und machte mir Gedanken über die Zukunft.

Eingeschlichene Gewohnheiten, schlechte Gedanken, falsche Einstellungen. Jeder kennt sie oder hat sie schon in seinem Leben gehabt – zumindest musste ich es mir eingestehen. In der Vergangenheit lebte ich in verschiedenen Situationen völlig unreflektiert mit diesen schlechten Angewohnheiten in einer Art Symbiose oder hatte die Gedanken: Das schaffe ich nie im Leben. Weißt du, was ich meine?

Diese blockierenden Glaubenssätze machten es mir unnötig schwerer, als ich es mir machen musste. Immerhin erkannte ich es und baute in meinen Tagesablauf neue Routinen mit ein. Damit stieß ich alte Strukturen auf und zerlegte die negativen Energien in die einzelnen Bestandteile – ja, ich pulverisierte sie. Anschließend baute ich etwas Neues und Positives daraus. Alles erschien mir jetzt möglich.

Die Veränderung der eigenen Gewohnheiten ist nicht leicht, doch das Ergebnis hieraus wird dich belohnen. Lass dich aber nicht entmutigen und bleibe dran, auch wenn es einen Schritt zurückgehen sollte. Das ist nicht schlimm, sondern nur die Startposition zum nächsten großen Schritt.

„Auch aus Steinen, die einem in den Weg gelegt werden, kann man Schönes bauen!"
Johann Wolfgang von Goethe

... Ich war gerade beim Bauen!

KAPITEL 24

David gegen Goliath

Neben meinem Kampf im Rahmen der unzähligen Krankenhausaufenthalte, mit der Bürokratie und den Strapazen aus dem Therapieprogramm lief das länger andauernde Antragsverfahren für die Rehabilitation.

Obwohl seit der ärztlichen Begutachtung inzwischen drei Monate vergangen waren, wurde noch immer keine Entscheidung über den Antrag gefällt. Unzählige Erinnerungsschreiben mit den von mir beigefügten neuesten Arztbriefen, die von der langsam eintretenden Besserung meines Gesundheitszustandes berichteten, sendete ich an die Deutsche Rentenversicherung. Die lapidare Antwort des Standardschreibens war immer die gleiche: Der Vorgang befindet sich noch in Bearbeitung. Ich hatte das Gefühl, die Rentenversicherung wollte das Verfahren einfach aussitzen und hoffte wohl insgeheim darauf, dass ich den Widerspruch zurücknahm. Das tat ich aber nicht! Mir blieb nichts mehr anderes übrig und ich verschärfte den Ton. Nach der Androhung von gerichtlichen Maßnahmen bekam ich dann doch relativ schnell eine Antwort.

Beim Öffnen des Briefes war ich froh, endlich eine Entscheidung zu erhalten, die in meinen Augen ja nur positiv ausfallen konnte. Nachdem ich die erste Zeile gelesen hatte, musste ich mich setzen. „Die beantragten Leistungen zur medizinischen Rehabilitation können wir für Sie nicht erbringen“, stand dort. In diesem Moment fühlte ich mich, als wenn mir jemand den Teppich unter den Füßen weggezogen hätte.

Fassungslos las ich die Begründung, währenddessen ich ständig den Kopf schüttelte. Die beantragte Reha wurde abgelehnt, weil aus Sicht der Deutschen Rentenversicherung die Erwerbsfähigkeit erheblich gefährdet oder gemindert war. Es war davon auszugehen, dass durch die Rehabilitation mein Gesundheitszustand nicht grundlegend gebessert oder wiederhergestellt oder hierdurch eine wesentliche Verschlechterung abgewendet werden könnte. Damit widersprach sich die Deutsche Rentenversicherung selbst, denn im ersten Ablehnungsschreiben wurden meine gesundheitlichen Einschränkungen noch als nicht so schwerwiegend eingestuft. Ich war entsetzt! Mit dieser Entscheidung hatte ich nicht gerechnet. Was nun?

Guter Rat war teuer! Mir blieb daher nur der Weg zum Rechtsanwalt. Ich beauftragte einen Fachanwalt für Medizin- und Sozialrecht. Nach einem ausführlichen Beratungsgespräch legten wir umgehend Widerspruch gegen die Entscheidung ein.

Eine Woche nach dem Widerspruch erhielt ich einen überraschenden Anruf von meiner Krankenkasse. Die Deutsche Rentenversicherung hatte sie schriftlich darüber informiert, dass sie mich dauerhaft für nicht erwerbsfähig halte. Damit war die Krankenkasse verpflichtet, die Angelegenheit selbst zu prüfen. Zusammen mit dem medizinischen Dienst erfolgte eine Beurteilung meines Erkrankungszustandes. Der von mir zuvor eingelegte Widerspruch interessierte niemanden. Ich kämpfte somit an mehreren Fronten gegen die Krankheit und die Behörden. Ein Kampf wie David gegen Goliath – und ich war David.

Am PC verfasste ich im Zwei-Finger-Such-System eine Stellungnahme über meinen Gesundungsverlauf und fügte etliche Arztberichte bei. Finanziell hing alles von dieser Entscheidung ab. Sollte sich die Krankenkasse der Meinung der Rentenversicherung anschließen, dann wäre ich gegen meinen Willen zwangsverrentet worden. Wahnsinn! Dagegen hätte ich natürlich rechtliche Schritte eingeleitet, denn die Erwerbsminderungsrente ist geringer als die Krankengeldzahlungen und zudem sah ich keine Veranlassung hierfür. Ich war doch auf dem Weg der Besserung.

Nach einer Woche bekam ich den ersehnten Anruf. Der medizinische Dienst und die Krankenkasse hatten sich gegen die Meinung der Deutschen Rentenversicherung ausgesprochen und sie gingen bei meiner Erkrankung weiterhin von einer vorübergehenden Arbeitsunfähigkeit aus. Die Krankengeldzahlungen würden vorerst nicht gestoppt werden. Mir fiel ein riesiger Stein vom Herzen und ich war dankbar. Nach 11-monatiger Krankheitsphase nahm ich diese Entscheidung nicht für selbstverständlich hin. Vor allem gab sie mir die Zeit, um an meiner Genesung zu arbeiten. Zum Feiern war mir trotzdem nicht zumute, denn es stand weiterhin die endgültige Entscheidung über die beantragte Rehabilitation aus. Trotz etlicher anwaltschaftlicher Erinnerungsschreiben sollte ich noch viele Monate auf den finalen Bescheid warten.

Ähnlich erging es mir mit der Herausgabe des ärztlichen Gutachtens. Nachdem die Grundlage für die Entscheidung der Deutschen Rentenversicherung dieses Dokument war, forderte ich es an. Mehrfach! Trotz schriftlicher, telefonischer und anwaltschaftlicher Aufforderung dauerte die Zusendung über das Verfahren hinaus. Dass ich noch eine weitere unangenehme Erfahrung mit der Deutschen Rentenversicherung machen sollte, wusste ich zum damaligen Zeitpunkt nicht und verweise auf das übernächste Kapitel.

Für den Moment war das Thema ad acta gelegt und ich konnte mich wieder auf meine Regeneration konzentrieren. Ich merkte jedoch, dass die Luft dünner wurde. Für das kommende Jahr musste ich mir etwas einfallen lassen. Es standen wegweisende Entscheidungen an.

Gott und die Welt hatten sich gegen mich verschworen. Doch das wollte ich nicht akzeptieren. Ich erinnerte mich an ein Zitat von Henry Ford, der treffend sagte: „Wenn alles gegen dich zu laufen scheint, erinnere dich daran, dass das Flugzeug gegen den Wind abhebt, nicht mit ihm."

Eine Aussage, die es in sich hat und mir half.

Ich legte die Schwarzmalerei ab und machte mir bewusst, dass ich in dieser Sache keinen Kampf um Leben und Tod führte, sondern nur gegen eine Behörde, die meine Auffassung nicht teilte. Außerdem erweiterte ich den Blick und sah die vielen wundervollen Gegebenheiten in meinem Leben, die eben ***nicht*** *selbstverständlich sind: Meine liebende Ehefrau, meine gesunden Kinder und meine Freunde, die für mich da waren. Ein veränderter Blickwinkel kann manchmal Wunder bewirken. Damit konzentrierte ich mich wieder auf das Ziel, ging die Dinge mit einer positiven Grundeinstellung an und kam ins Tun.*

Hast du selbst schon einmal gegen Windmühlen gekämpft? Wie hätte dir eine Veränderung der Sichtweise geholfen?

KAPITEL 25

Meilenstein-Tage

Rückblickend war es erschreckend, wie schnell das Jahr verging und wie sich alles veränderte. Aus einem Lebensabschnitt der fast vollkommenen Zufriedenheit wurde ich herausgerissen und kämpfte unerwartet um mein Leben. Das Jahr 2016 hatte mir gezeigt, dass es wichtig war, einen „Masterplan" zu haben, aber dass der Fluss des Lebens manchmal seine eigene Geschichte schreibt und verändernd eingreift. Die negativen Ereignisse hatten mich zuerst aus der Bahn geworfen. Mit zeitlichem Abstand und entfernter betrachtet, konnte ich einmal mehr den Sinn aus einem meiner Lieblingszitate von Johann Wolfgang von Goethe erkennen: „Auch aus Steinen, die einem in den Weg gelegt werden, kann man etwas Schönes bauen."

Die Quintessenz war für mich, dass selbst etwas vermeintlich Schlechtes ebenso seine guten Seiten haben kann. Diese Erkenntnis erlangte ich jedoch nur über einen längeren Denkprozess und eine Veränderung der Sichtweise. Erst durch die Nervenentzündung und die darauffolgenden intensiven Untersuchungen fanden die Ärzte den Tumor in der Schilddrüse und konnten diesen wahrscheinlich noch rechtzeitig entfernen. Ohne die paraneoplastische Reaktion in Form der Nervenentzündung wäre der Tumor weiter heimlich gewachsen, wodurch die Heilungschancen bei einer späteren Operation deutlich gesunken wären. Ich hatte unglaubliches Glück und kann rückblickend dankbar für die Nervenentzündung sein, so verrückt das klingen mag. Zudem verbrachte ich in dem Jahr mehr Zeit mit meiner Ehefrau und den Kindern, als es mir sonst möglich gewesen wäre. Es grenzte schon fast an ein Sabbatjahr, auch wenn die Umstände hierfür nicht angenehm waren. Ich versuchte, das Beste aus der Situation herauszuholen.

Durch die Erlebnisse wandelte sich die eigene Betrachtungsweise und ich hinterfragte mein Leben. Ich richtete meinen Fokus neu aus. Einige „Dinge" wurden noch wichtiger (Gesundheit, Familie, Freunde usw.), andere unwichtiger (kleine Ärgernisse des Alltags, Vorkommnisse in der Welt, Finanzen usw.).

Gesundheitlich hatte ich gefühlt den Turnaround geschafft und konnte positiv in die Zukunft blicken. Im Rahmen der Nachsorgeuntersuchungen gab es keine Auffälligkeiten und alles war in bester Ordnung. Meine Therapeuten bescheinigten mir weitere Fortschritte und inzwischen den Kraftgrad 3 (= Bewegung gegen die Schwerkraft möglich), nachdem ich die linke Hand in etwa bis zur Handstreckung wieder anheben konnte. Das funktionierte jedoch nur bei voller Konzentration und man sah mir durch das Zittern in meinem Arm die Anstrengungen an. Es ging auf jeden Fall voran. Wohin mich die Reise weiterführen sollte, wusste ich noch nicht, doch ich war positiv gestimmt. Für das neue Jahr schmiedete ich daher Pläne und überlegte, wie es vor allem beruflich für mich weitergehen könnte. Alleine aus monetären Gründen war diese Überlegung nötig, denn die Krankengeldzahlungen endeten spätestens Mitte nächsten Jahres. Ein weiterer finanzieller Einschnitt wäre für die Familie schwer verkraftbar gewesen. Zudem war es mein persönlicher Anspruch, wieder zu arbeiten.

Es wurde Zeit für einen gut durchdachten Plan! Ich nahm in schwierigen Situationen gerne ein leeres Blatt Papier zur Hand und hielt meine Gedanken fest bzw. gestaltete mögliche Szenarien. Diese Aufzeichnungen sahen für Außenstehende sicherlich recht wild aus, da sie auch mit gezeichneten Bildern zur Visualisierung versehen waren. Damit konnte ich den Gedanken mehr Leben einhauchen. Zudem recherchierte ich im Internet und stöberte durch die Unterlagen, die ich bei der Rehabilitation bekam. Es dauerte seine Zeit, doch ich entwickelte mein eigenes Konzept und nannte das Projekt „Meilenstein-Tage". Hinter diesem Plan steckte ein simpler, jedoch straffer Zeitplan mit dem Ziel der Arbeitsaufnahme zum 1. April 2017.

Zuerst konzentrierte ich mich bis Jahresende nur noch auf meine Gesundung im Rahmen des eigenen Rehaprogrammes. Auch wenn ich den Weg der beantragten Rehabilitationsmaßnahme weiterverfolgte, setzte ich nicht mehr auf die Genehmigung des Verfahrens, da ich das Vertrauen in die Deutsche Rentenversicherung hierfür vollkommen verloren hatte. Ich vertraute lieber den Fähigkeiten der Therapeuten, mir selbst und dem Leben.

Zu Jahresbeginn wollte ich mich mit meinem Arbeitgeber in Verbindung setzen und im Rahmen eines betrieblichen Eingliederungsmanagementgesprächs – kurz BEM – den Neustart in die bisherige Tätigkeit besprechen. Zuvor wollte ich je nach Gesundheitszustand entsprechende Hilfsmittel für den Arbeitsplatz beantragen. Ein schlüssiger Plan, der noch gespickt mit etlichen Klinikaufenthalten terminiert war.

Doch jetzt genoss ich die Adventszeit mit den leckeren Plätzchen, die meine Ehefrau mit den Kindern wie jedes Jahr gebacken hatte. Die Weihnachtszeit verlief diesmal schmerzfrei und deutlich entspannter als das Jahr zuvor, ebenso die abschließende Silvesterfeier. Und noch eines war anders: die Betrachtungsweise auf das kommende Jahr und meine Wünsche. Die alljährlichen Vorsätze zur Gewichtsabnahme hatten keinen Platz in der Silvesternacht. Vielmehr wünschte ich mir einen weiter voranschreitenden Gesundungsprozess, dass der Krebs nicht noch einmal Einzug in mein Leben hält und ebenso ganz viele tolle Momente mit meiner Familie und meinen Freunden. Ich war voller Energie und positiv gestimmt. Das Jahr 2017 konnte kommen!

Für mein Vorankommen waren Achtsamkeit, Fokussierung, Klarheit, Entschlossenheit und Vertrauen entscheidende Werte. Doch ohne ein echtes Ziel wären diese wichtigen Faktoren nichts wert gewesen.

Was macht ein Ziel zu einem echten Ziel? Zur Definition orientierte ich mich an der S.M.A.R.T.-Formel von G. T. Doran aus seiner Veröffentlichung „There´s a S.M.A.R.T. way to write management´s goals and objectives." im Management Review. S.M.A.R.T. heißt:

Spezifisch	*specific*
Messbar	*measurable*
Ansprechend bzw. erstrebenswert	*accepted*
Realistisch	*reasonable*
Terminiert	*time-bound*

Mein Ziel hatte ich mit der Wiederaufnahme der Tätigkeit präzise definiert. Den Erfolg konnte ich messen und das Ziel war erstrebenswert. Außerdem war die Erreichung des Ziels bis zum 1. April 2017 terminiert und realistisch. Damit war das Ziel S.M.A.R.T.

Doch das reichte mir nicht. Es fühlte sich nicht vollständig an. Etwas fehlte! Ich gab noch einige Zutaten hinzu und es entstand:

Spezifisch	*specific*
Messbar	*measurable*
Ansprechend bzw. erstrebenswert	*accepted*
Realistisch	*reasonable*
Terminiert	*time-bound*
Fühlbar	*feelings*
Episch	*epic*
Energiegeladen	*energy*
Liebevoll	*love*

Ich verknüpfte das Ziel mit positiven Gefühlen und sah darin eine epische Wertigkeit, die weit über den Normalzustand hinausging. Zudem erfüllte mich das Ziel mit einer außergewöhnlichen Energie und ich liebte das Endresultat. Erst jetzt fühlte sich das Ziel für mich vollständig ausformuliert und sehr gut an. Mit dieser Erfolgsformel konnte ich richtig durchstarten.

Für meine künftigen Ziele orientierte ich mich immer nach der S.M.A.R.T.-F.E.E.L.-Methode.

Ist das ein Ansatz für dich? Probiere es aus! Mache deine Ziele S.M.A.R.T.-F.E.E.L.

KAPITEL 26

Beschwerlicher Rückweg vorwärts

Das neue Jahr läutete ich mit ganz wichtigen Schritten ein und versuchte zuerst einen Termin beim Integrationsdienst zu vereinbaren. Mein Ziel war es, dass ich Hilfsmittel für den Arbeitsplatz genehmigt bekomme, um die Arbeit wieder aufnehmen zu können. Hierzu hatte ich mir schon Gedanken gemacht. Es war kein teurer Umbau des Autos nötig und auch nicht der Einbau eines Treppenlifts bis in den dritten Stock, sondern ich benötigte lediglich eine Spracherkennungssoftware nebst Mikrofon. Der finanzielle Aufwand hierfür hielt sich in meinen Augen in Grenzen und der Nutzen wäre für mich immens hoch. Doch dann kam der erste Schock, denn das Integrationsamt war nach telefonischer Rücksprache nicht zuständig für mich. Wer dann? Die Antwort: die Deutsche Rentenversicherung! Jene Behörde, die mir noch immer die Rehabilitationsmaßnahmen verweigerte und mich lieber in die Rente schicken wollte.

Mit großem Unbehagen vereinbarte ich telefonisch einen persönlichen Termin bei der Rentenversicherung. Zwei Wochen später war es dann endlich so weit. Voll bewaffnet mit einem Aktenordner betrat ich das architektonisch sehr nüchterne Gebäude der Deutschen Rentenversicherung. Der für mich zuständige Sachbearbeiter begrüßte mich freundlich und führte mich in sein Büro. Dort sollte ich ausführlich darlegen, was ich denn gerne möchte und wie mein bisheriger Krankheitsverlauf aussah. Ich legte ihm auch den Schriftwechsel mit der Deutschen Rentenversicherung vor und bemerkte im Laufe des Gesprächs, dass sein Gesicht immer länger wurde. Nachdem ich alles dargelegt hatte, kam er schnell zum Punkt. Die Formulare zur Beantragung von Hilfsmitteln könnte er mir mitgeben, jedoch sieht er die Chance auf Bewilligung bei unter 2 %. Bitte was?

Leider hatte ich in diesem Moment keinen Spiegel zur Hand, denn mir entglitten sämtliche Gesichtszüge. Kurzzeitig musste ich einen fast schon von Wahnsinn geprägten Gesichtsausdruck aufgelegt haben. Ich konnte seine Aussage nicht fassen und fragte noch einmal nach, ob ich es richtig verstanden hatte. Er erklärte mir, dass ich wegen des schwebenden Verfahrens, der bisherigen Ablehnung und der Einschätzung meines Gesundheitszustandes bis auf Weiteres nicht für arbeitsfähig gehalten werde. Auch nicht mit Hilfsmitteln! Er gab mir den Rat, dass ich mich auf den Deal einer Teilverrentung einlassen sollte. Dann würde die Antragstellung eventuell positiv verlaufen. Doch das kam für mich nicht infrage!

Leicht geschockt verließ ich das Büro und verstand die Welt nicht mehr. Mit meinen 41 Jahren sollte ich Rentenleistungen beantragen. Und das, obwohl ich wieder arbeiten wollte. Nein, ich war mir sicher, dass ich es mit den entsprechenden Hilfsmitteln auch schaffen könnte. Nur ohne ging es eben nicht!

Obwohl ich mit viel Elan und Hoffnung in das neue Jahr gestartet war, fiel ich erneut in ein kleines Loch. Doch bereits am nächsten Tag stand ich wieder erstarkt auf. Sofort machte ich Termine bei meinem Arbeitgeber und beim Sozialverband aus. Ich wollte mich trotz des Rückschlags nicht abbringen lassen und für mein Recht auf Arbeit kämpfen!

Inzwischen war es Anfang Februar, als ich zum Gespräch im Rahmen der betrieblichen Wiedereingliederung bei meinem Arbeitgeber eingeladen wurde. Die Unterhaltung fand in großer Runde statt: die Dame vom betrieblichen Gesundheitswesen, mein Personalbetreuer und der Betriebsarzt. Der Schwerbehindertenbeauftragte war verhindert und wurde jedoch telefonisch zugeschaltet. Das Gespräch lief von Beginn an ganz anders als bei der Deutschen Rentenversicherung. Innerhalb von kurzer Zeit verständigte sich die Runde auf die nötigen Hilfsmittel. Die Kosten hierfür wollte zur Not mein Arbeitgeber übernehmen, sofern der Förderantrag abgelehnt werden würde. Es wurde ein sechswöchiger Plan zur Wiedereingliederung ausgearbeitet und als Arbeitsbeginn der 30. März 2017 festgelegt. Wow! In acht Wochen durfte ich wieder zur Normalität übergehen. Mit so einem Gesprächsverlauf hatte ich nicht gerechnet. Ich hatte mehr erreicht, als ich mir vorgestellt hatte, und war überglücklich! Der erste große Meilenstein war geschafft. Den Termin beim Sozialverband nahm ich im Anschluss nur noch informativ wahr, um auch für mögliche Horrorszenarien gewappnet zu sein. Was sollte mich jetzt noch aufhalten?

Inzwischen machte ich mit meiner linken Hand weitere Fortschritte. In geradezu atemberaubendem Tempo bescheinigten mir die Therapeuten kontinuierliche Verbesserungen. Das spürte ich auch immer mehr im Alltag. Ich konnte Gegenstände wieder besser halten, meine Essenshaltung war nicht mehr so verkrampft und das Spielen mit den Kindern ging leichter von der Hand. Nach über einem Jahr wurde es Zeit dafür.

Mit dem Thema Krankenhausaufenthalt war ich weiterhin nicht durch, hatte mich inzwischen aber daran gewöhnt. In den kommenden Wochen brachte ich eine weitere Infusionstherapie in der Klinik hinter mich und vereinbarte im Rahmen der Schilddrüsennachsorge den großen vorläufigen Abschlussuntersuchungstermin. Alles lief nach Plan. Ich konnte positiv in die Zukunft blicken.

Mitte März hatte ich nachmittags das letzte BEM-Gespräch vor der Wiedereingliederung. Wie ich den Termin gemeistert habe, ist mir immer noch schleierhaft. Im Gespräch war ich phasenweise geistig abwesend. Zu groß war die nervliche Anspannung vor dem bevorstehenden Klinikaufenthalt und unter Medikamenteneinfluss stand ich auch. Warum? Am Morgen hatte ich die erste von drei morgendlichen Spritzen zur Unterdrückung meines TSH-Wertes (ein Blutwert, der viel über die Schilddrüse aussagt) erhalten und verspürte hierdurch leichte Nebenwirkungen. Dazu kam der Respekt vor der bevorstehenden großen Untersuchung. Hoffentlich hatten sich kein neuer Tumor oder Metastasen gebildet. Diese Gedanken konnte ich im Gespräch mit meinem Arbeitgeber nicht ausblenden, riss mich aber zusammen und schlängelte mich irgendwie durch die Unterhaltung. Nach der Verabschiedung war allen klar, dass ich am 30. März 2017 mit der Eingliederung beginnen werde. Allen war das klar. Nur bei mir kamen Zweifel auf. Es hing so viel von der bevorstehenden Abschlussuntersuchung ab. Der Druck war immens und ich konnte diese Gefühle nicht unterdrücken. Und je näher der Termin kam, umso mehr Angst hatte ich davor. Doch auch diese Angst konnte mir nicht den optimistischen Blick auf die Zukunft nehmen.

Das Leben ist wie ein grünes Laubblatt, das in einem Fluss dahintreibt. Das Blatt bewegt sich im natürlichen Flusslauf selten geradlinig, sondern folgt Kurven, Gefällen und muss etliche Hindernisse überwinden.

Vorbei an größeren Steinen, gefährlichen Strudeln und quer liegenden Ästen. Das Blatt meistert jede Situation auf seine Weise, auch wenn nicht immer alles sofort glattläuft. In den Momenten, wo sich die Weiterreise verzögert, tankt es Kraft für die bevorstehenden Aufgaben und setzt dann den Weg weiter fort, bis es am Ziel ankommt.

Dieses Blatt war ich. Während der gesamten Erkrankungsphase ging es ständig auf und ab. Doch egal was passierte, ich gab nie auf. Nach Rückschlägen steckte ich nie zurück, lud die Batterien auf und setzte mit viel positiver Energie den nächsten Schritt um. Ich fühlte, dass mein Ziel nicht mehr weit weg war. Dabei trieb mich ein starkes Warum an – mein S.M.A.R.T.-F.E.E.L.-Ziel.

Hierzu war eine optimistische Lebenseinstellung nötig. Diese erlangte ich durch das regelmäßige Führen eines Dankbarkeitstagebuches, den positiven Start in den Tag durch eine geänderte Morgenroutine, den Glauben an mich und das Leben und die vielen lebensbejahenden Bilder in meinem Kopf. Die Szenen zeigten mich in bester körperlicher Verfassung und ohne gesundheitliche Einschränkungen.

Eine energievolle Morgenroutine liefert die optimale Voraussetzung für den Start in den Tag. Ich nehme mir hierzu im Idealfall 30 Minuten Zeit, in denen ich mich auf eine Gymnastikmatte lege, meditiere und entspanne. Zurückgekommen im Diesseits, denke ich über Dinge nach, die mir gerade in den Sinn kommen. Gute Einfälle und Gedanken halte ich sofort schriftlich in einem separaten Notizbuch fest. Anschließend bringe ich meinen Kreislauf mit wenigen, aber intensiven Gymnastikübungen in Schwung. Und schon gehe ich viel positiver und energiegeladener in den Tag!

Lebe auch du mit einer optimistischen Grundeinstellung und einer powervollen Morgenroutine, damit du leichter durchs Leben gehst.

KAPITEL 27

Zurück im Bunker

Die Zeit verging rasend schnell. Kaum hatte ich mich versehen, stand ich erneut mit meinen voll bepackten Plastiktüten vor dem Krankenhaus. Déjà-vu! Nur mit dem Unterschied, dass ich viel mehr wahrnahm als vor etwa einem Jahr. Ich ging durch das geöffnete Eisentor in eine kleine, parkähnliche Anlage und setzte mich auf eine der freien Holzbänke. Dann musste ich erst mal kurz Luft holen, innehalten und noch mal die Freiheit genießen. Durch meinen vorherigen Aufenthalt wusste ich genau, was mich erwarten würde, dennoch war ich sehr nervös. Von dem Ergebnis hing so viel ab.

Mir graute es, als ich die breite Krankenhaustreppe hinauftrabte. Dieses Gefühl legte sich jedoch rasch. Auf der Radiojodstation angekommen, sah ich gleich ein vertrautes Gesicht. Die mir bekannte Ordensschwester war noch immer auf der Station unterstützend tätig. Sie erkannte mich und nahm mich herzlich auf. Das Angstgefühl war sofort verflogen und es breiteten sich bei mir Gefühle aus wie Ankommen und Vertrauen.

Die Unterweisung lief diesmal kürzer ab, denn ich kannte ja bereits die besonderen Gepflogenheiten. Nachdem das gespenstische Szenario mit der MTA im Bleianzug mit bleiernem Transportwagen und der Einnahme der radioaktiven Jodkapsel vorbei war, ging die

Tür zu und ich war alleine. Die folgenden drei Tage verbrachte ich erneut in absoluter Isolation. Schade, dass ich in dieser Zeit mein Gehirn nicht einfach am Eingang abgeben bzw. in den Sparmodus versetzen konnte. Anders als beim letzten Aufenthalt war ich diesmal geistig voll da. So gingen mir viele Gedanken durch den Kopf. Mehrfach dachte ich über mein Leben nach, warum ich Krebs bekommen habe und wie sich meine Ehefrau wohl jetzt fühlen würde. Auch die Frage, was möchte ich noch alles in meinem Leben erleben, beschäftigte mich erneut. Es war eine gute Gelegenheit, um die Löffelliste zu aktualisieren, denn die Prioritäten hatten sich zwischenzeitlich bei mir verschoben. Eine der zentralen Fragen war, was wohl bei der Untersuchung herauskommen wird und wie dann mein Leben weiter verlaufen würde. Es war für mich eine wilde Achterbahn der Gefühle, die mich wieder ein paar Tränchen kostete. Auf die aufkommenden Fragen fand ich nicht immer eine passende Antwort.

Das endlose Warten und die erdrückende Ungewissheit setzten mir auf dieser Etappe richtig zu. Doch es gab auch viele schöne Momente des Mutes und der Entschlossenheit zu kämpfen, egal wie das Ergebnis der kommenden Abschlussuntersuchung ausfallen würde. Das versprach ich mir, denn zum Aufgeben ist es immer zu früh!

Die Zeit verging zäh. Am Untersuchungstag kam die Ordensschwester in mein Zimmer. Sie sah wohl die Angst in meinen Augen und sagte zu mir: „Machen Sie sich keine Sorgen! Alles wird wieder gut. Das habe ich im Gefühl! Und der Herrgott ist bei Ihnen!“ Ihre herzliche Art und das absolute Gottvertrauen gaben mir Halt und so ging ich gefestigt zur Skelettszintigrafie. Während des einstündigen Scanvorgangs lag ich regungslos da und betete. Durch das Beten kam ich innerlich zur Ruhe und entspannte mich. Kaum versah ich mich, durfte ich in mein Zimmer und die Sachen packen. Ich war erleichtert, dass ich diese Zeit hinter mich gebracht hatte. Doch zuvor erwartete mich noch das Ergebnis der Abschlussuntersuchung. Mit vollbepackten Tüten wartete ich vor dem Arztzimmer. Die Spannung war unerträglich, bis die Tür endlich aufging. Der Arzt empfing mich mit einem festen Handschlag, sah mir tief in die Augen und sagte am Gang vorerst nur zwei kurze Wörter zu mir: „Alles weg!“ Eine unbeschreibliche Erleichterung machte sich sofort breit. Ich nahm im Arztzimmer Platz und er erklärte mir ausführlich, dass kein Restgewebe der Schilddrüse mehr vorhanden war. Die vorherige Radiojodtherapie hätte vollen Erfolg gezeigt. Das noch verbliebene Schilddrüsengewebe wurde vollständig zerstört. Doch viel wichtiger: Die Lymphknoten zeigten keine Auffälligkeiten und es konnten im Körper keine jodspeichernden Tumore oder Metastasen nachgewiesen werden.

Gefühle der tiefen und reinen Freude, des Glücks und der Erleichterung machte sich breit. Es war wie der Gewinn des Lottojackpots – nur viel besser!

Nachdem ich das Krankenhaus freudestrahlend verlassen hatte, sah ich in den Himmel und dankte Gott. Mir drückte es die Tränchen wieder in die Augen – diesmal waren es Tränen des Glücks.

Sofort rief ich meine Ehefrau an und erzählte ihr von den guten Neuigkeiten. Sie war gerührt und auch ihr kamen Tränen der Erleichterung. Nach Beendigung des Telefonats saß ich erneut auf der Parkbank vor dem Krankenhaus und hielt kurz inne. Dieses erleichternde Gefühl war unbeschreiblich. Das Leben meinte es endlich wieder richtig gut mit mir.

Wenn die Angst doch einmal wieder stärker zurückkam, als es mir lieb war, dann half mir mein Glaube. Der Glaube umfasst für mich jedoch deutlich mehr als den Glauben an Gott oder ein höheres Wesen, sondern schließt vor allem den Glauben an mich selbst und andere mit ein. Mein Glaube gab mir Hoffnung, Antrieb und vertrieb die negativen Gedanken und Ängste.

Ganz klassisch halfen mir dabei Gebete an Gott und Gespräche mit mir selbst. Beides sind zwar verschiedene Arten der Eigenkommunikation, zielten jedoch bei mir auf das Gleiche ab. Die Sorgen auszusprechen, war für mich befreiend bzw. reinigend, es half mir bei der Entscheidungsfindung und gab mir zudem einen positiven Energieschub für die kommenden Aufgaben.

Wie steht es mit deinem Glauben? Glaubst du an dich? Glaubst du an Gott, ein höheres Wesen bzw. eine höhere Macht? Hast du schon Erfahrungen mit der befreienden Wirkung der Eigenkommunikation gemacht?

KAPITEL 28

Neustart

Zurück von der Klinik hatte ich noch 10 Tage Zeit, dann konnte ich endlich mit der Wiedereingliederung beginnen. In dem knappen Zeitraum hatte ich einiges zu erledigen. Es erwartete mich ein straffes Trainingsprogramm, darunter auch etliche alternativmedizinische Therapietermine, und natürlich mussten die Anzüge frisch aufgebügelt werden. Außerdem hatte ich noch eine wichtige Besorgung zu machen. Zur Stabilisierung der linken Hand legte ich mir auf ärztliches Anraten eine Radialisschiene zu. Sonderlich schick sah die schwarze Plastikschiene nicht aus, doch aus gesundheitlichen Gründen war das Tragen in der Arbeit äußerst sinnvoll.

Am 30. März 2017 war es dann so weit. Ich fuhr nach 496 (!) Krankheitstagen wieder mit den öffentlichen Verkehrsmitteln zur Arbeit. So wie immer – zumindest wie früher. Trotzdem war es ein komisches Gefühl. In der Zwischenzeit hatte sich einiges in den Arbeitsabläufen geändert. Dazu kamen zweifelnde Fragen bei mir auf wie: Kann ich mit der Diktierlösung adäquat arbeiten? Bin ich tatsächlich voll belastbar? Wie schnell finde ich wieder in meine bisherige Tätigkeit? Hätte ich doch die Rente beantragen sollen? Kurzzeitig verunsicherten mich diese Gedanken. Doch stopp! Ich wollte es herausfinden! Dafür hatte ich die ganze Zeit gekämpft.

Es konnte losgehen! Und ich freute mich darauf, endlich wieder zu arbeiten!

Im Rahmen der Wiedereingliederung arbeitete ich in der ersten Woche 2 Stunden täglich. Die freie Zeit nach Arbeitsende nutzte ich zur Wahrnehmung der Therapietermine und zur Regeneration. Ich merkte, dass die Maßnahme der Wiedereingliederung ein sinnvolles Instrument war. Durch die schrittweise Eingliederung bekam ich Routine in meinem neuen, bereits bekannten Tagesablauf mit regelmäßigem Aufstehen und der Fahrt zur Arbeit. Zusätzlich konnte die Belastung der linken Hand und des restlichen Körpers durch die Stundensteigerung schonend aufgebaut werden. Das war auch gut so, denn die erste Woche war für mich eine gewaltige Umstellung. Vieles musste ich von Beginn an lernen und neue Arbeitsprozesse kamen hinzu. Trotzdem kam ich leicht wieder in die Materie hinein. Und die Diktierlösung erleichterte mir den Arbeitsalltag und schonte meine Hände. Von den ursprünglichen Zweifeln keine Spur!

In der darauffolgenden Woche wurde die Arbeitszeit auf 3 Stunden täglich erhöht. Und es tat sich ganz beiläufig etwas Wegweisendes. In dieser Zeit verspürte ich mehr Aktivität in der Hand. Das merkte ich bei vielen Gelegenheiten wie beim Türöffnen, beim Blättern in den Akten oder beim Greifen von Gegenständen. Diese kleinen Schritte freuten mich riesig. Auch die Erhöhung auf 4 Stunden täglich für die kommenden zwei Wochen klappte ohne Probleme. Doch der Sprung auf 6 Stunden war für mich der größte. Ich merkte deutlich die Mehrbeanspruchung, vor allem im linken Arm. Und etwas viel Wichtigeres veränderte sich: Ich konnte das linke Handgelenk wieder leicht anheben und mithilfe einer Handballenunterlage vor der Tastatur im Zehn-Finger-System blind schreiben. Zeitlich noch nicht lange, aber dafür fast wie vor meiner Erkrankung. Das war unfassbar schön und zugleich ein weiterer großer Meilenstein. Seit diesem Zeitpunkt nutzte ich die Spracherkennungslösung nur noch in Ausnahmefällen und hatte Spaß bei den Therapieeinheiten vor der Tastatur, für die ich auch noch bezahlt wurde.

Nach insgesamt 6 Wochen arbeitete ich am 11. Mai 2017, es war ein langer Donnerstag, erstmals wieder in Vollzeit. Ich hatte mit Bravour die Wiedereingliederungszeit beendet. Darauf war ich stolz. Und auch diesen ersten Tag in Vollzeit schaffte ich ohne Probleme. Ich hätte nicht glücklicher sein können! Doch abends wartete nichtsahnend eine böse Überraschung auf mich. Auf dem Schreibtisch zu Hause lag ein Schreiben von der Deutschen Rentenversicherung. Inhaltlich konnte es nur um meine beantragte Rehabilitationsmaßnahme gehen. Die Entscheidung war mir mittlerweile nicht mehr so wichtig wie zum Zeitpunkt der Antragstellung, weil ich meine Ziele auch ohne Reha erreicht hatte. Ich öffnete natürlich trotzdem interessiert den Brief und konnte es nicht fassen. Ich dachte, dass mich eigentlich nichts mehr schocken könnte, doch der Inhalt des Schreibens übertraf meine wildesten Fantasien. Die Deutsche Rentenversicherung teilte mir mit, dass der Rehabilitationsantrag final abgelehnt wurde und mir nur noch der gerichtliche Weg offenstehen würde. Alternativ gab man mir die Empfehlung, einen Antrag auf Verrentung zu stellen. Die Begründung: „Bei der Art und Schwere meiner gesundheitlichen Einschränkungen – der Nervenentzündung – sei nicht zu erwarten, dass durch die Rehabilitation meine Erwerbstätigkeit wesentlich gebessert oder wiederhergestellt oder hierdurch deren wesentliche Verschlechterung abgewendet werden könnte."

Beim Lesen über die einzelnen Wörter musste ich ungläubig den Kopf schütteln. Ich konnte es nicht glauben und fragte mich, was ich wohl den ganzen Tag gemacht hatte. Schließlich hatte ich den ersten Tag in Vollzeit hinter mir. Doch welche negativen Auswirkungen hatte dieses Schreiben? Eine erneute Konsultierung meines Rechtsanwaltes war nötig. Nach Rücksprache mit ihm teilten wir der Deutschen Rentenversicherung mit, dass wir den Ablehnungsbescheid von der Sachlage her nicht anerkennen. Das Klageverfahren wollte ich nicht anstreben, denn ich war ja wieder in Vollzeit tätig und eine weitere Ausfallzeit im Rahmen der Rehabilitation von 4 bis 6 Wochen im Erfolgsfalle wollte ich meinem Arbeitgeber nicht zumuten. Außerdem hatte ich keine Lust auf ein nervenaufreibendes und langjähriges Gerichtsverfahren von ungefähr zwei Jahren. Wir teilten dem Rentenamt mit, dass wir auf das Klageverfahren verzichten werden. Damit wäre die ganze Sache für mich erledigt gewesen, jedoch wies mich der Rechtsanwalt noch darauf hin, dass die Deutsche Rentenversicherung auf Zwangswegen einen Antrag zur Verrentung meiner Person stellen könnte. Über diese Information war ich geschockt. Die Angst vor einem weiteren nervenaufreibenden Verfahren quälte mich noch lange. Jedoch unbegründet, denn bis zum heutigen Tage habe ich hierüber nichts mehr gehört.

Der Leitspruch der Deutschen Rentenversicherung lautet: „Reha vor Rente!“ Meine persönlichen Erfahrungen zeigten jedoch etwas anderes. Mir kam es so vor, als wenn man alles Erdenkliche unternehmen würde, damit ich nicht mehr arbeiten müsste – und das, obwohl ich wollte. Bei persönlichen Gesprächen mit einigen Erkrankten hörte ich häufiger, dass Rentenanträge von Schwerstkrankten abgelehnt wurden mit dem Hinweis, dass sie doch erst eine Rehabilitationsmaßnahme machen sollten. Egal, ob das Sinn ergab oder nicht! Bei mir war es genau umgekehrt. Und das ergab definitiv keinen Sinn. Warum die Deutsche Rentenversicherung bei mir auf eine Verrentung bestand, ist mir bis heute nicht schlüssig.

Eine verständliche Begründung bekam ich nie. Damit schloss ich für mich mit dem negativ belasteten Thema ab, denn die Welt hatte noch viel mehr für mich zu bieten! Und darauf freute ich mich.

Ich hatte unglaubliches Glück, dass sich nach den überschlagenden Ereignissen zu Beginn meiner Erkrankungsphase jetzt doch alles zum Guten hin entwickelte. Oder war es gar kein Glück, sondern Zufall?

Ich war mir sicher, dass es keines von beiden war! Aber was sollte es sonst gewesen sein, wirst du dich fragen? Meine Antwort: Fleiß! Die vergangenen Monate gab ich nie auf, war überwiegend positiv gestimmt und arbeitete hart dafür, dass sich mein Gesundheitszustand wieder verbesserte und ich die gesetzten S.M.A.R.T.-F.E.E.L.-Ziele erreichen werde.

Für Außenstehende sah es vielleicht wie Glück aus, doch wer mich kannte, wusste, dass ich mir diesen Erfolg hart und mit viel Mut erarbeitet hatte. Und darauf war ich stolz!

„Erfolg hat drei Buchstaben: TUN!“
Johann Wolfgang von Goethe

KAPITEL 29

Anders angekommen im Leben

Bis Ende des Monats Mai arbeitete ich in Vollzeit und fehlte keinen einzigen Tag. Das fühlte sich gut an und bestätigte weiter meinen Weg. Ich hatte vieles richtig gemacht. Im Anschluss nahm ich den alten Urlaubsanspruch für das Vorjahr – 33 Tage am Stück. Doch bevor ich entspannen konnte, ging es noch einmal in die Klinik für zwei Tage zur Therapiebehandlung mit Immunglobulinen und weiteren Untersuchungen. Das Prozedere kannte ich mittlerweile nur zu gut. Die Infusionen hatte ich bis auf kleinere Nebenwirkungen gut vertragen. Positiv überrascht zeigte sich die Oberärztin über die stetigen Verbesserungen in der linken Hand. Sie führte einige Tests durch und bescheinigte mir den Kraftgrad 4 (= Bewegung gegen einen leichten Widerstand möglich). Der Trendkanal zeigte weiterhin positiv nach oben. Die Gründe hierfür waren jedoch nicht eindeutig belegbar.

Ich wurde nach der Arbeitsaufnahme häufig gefragt, was mir letzten Endes geholfen hätte. Meine Antwort: Das Gesamtpaket, denn es gab für mich keinen Einzelbaustein, der dafür alleine verantwortlich war. Den Grundstein für die Gesundung legte unzweifelhaft die Entfernung des follikulären Schilddrüsenkarzinoms. Darauf aufbauend erhielt ich zur Bekämpfung der paraneoplastischen Reaktion, die meine Nervenentzündung verursachte, die Immunglobulintherapie. Hierdurch wurde das Immunsystem zum Arbeiten angeregt und gab den Aggressoren keine Chance. Doch neben der Schulmedizin gab es weitere Bausteine. Die Ergotherapie- und Krankengymnastiktermine hielten zuerst die Beweglichkeit des gesamten Bewegungsapparates im Arm und in der Hand aufrecht und leisteten dann mit einer Vielzahl von Übungen einen schrittweisen Aufbau der Muskeln. Für die schier endlose Geduld und Hingabe meiner Therapeuten bin ich ihnen ewig dankbar. Die Einnahme von Nahrungsergänzungsmitteln und die vielen Termine beim Heilpraktiker, Osteopathen und TCM-Arzt waren ebenso wichtige Bausteine für den Erfolg. Natürlich ist die persönliche Einstellung, der Glaube an sich selbst und das beherzte Handeln unabdingbar gewesen. Durch meine Entschlossenheit bin ich diesen langen, steinigen Weg Schritt für Schritt gegangen und habe hierbei viel über mich lernen dürfen. Doch jetzt war der Zeitpunkt gekommen, um durchzuatmen.

Nachdem ich meine Familie und mich für diese gemeinsame Kraftleistung belohnen wollte, flogen wir in den Urlaub, um unsere Speicher aufzuladen. Mit einem befreundeten Ehepaar und deren Sohn ging die Reise ins ferne Afrika nach Boa Vista, die drittgrößte Insel der Kapverdischen Inseln. Wir tankten Sonne, schwammen im Meer bzw. in der großen Poollandschaft und genossen zu jeder Tageszeit das reichhaltige Buffet des Restaurants. Wir hatten alle Spaß, ließen es uns richtig gut gehen und konnten uns wieder auf das konzentrieren, was in den vergangenen Monaten zu kurz kam: das Leben genießen.

Wie jeder Urlaub war natürlich auch dieser viel zu kurz. Doch unsere Energiespeicher waren geladen und ich konnte wieder normal am Leben teilhaben. Normal am Leben teilhaben – für viele Menschen eine Selbstverständlichkeit, die ich heute in einem anderen Licht sehe. Ich bin jeden einzelnen Tag dankbar, dass die Erkrankung eine positive Wendung genommen hatte.

Die zweite Jahreshälfte war geprägt von einer gewissen Normalität. Bis zum Jahresende nahm ich meinen restlichen Urlaub, ging weiterhin in regelmäßigen Abständen in die Klinik und arbeitete bis zum 30. Dezember 2017 ohne einen weiteren Krankheitstag. Das heißt aber nicht, dass es keine Highlights oder Rückschläge in dieser Zeit gab. Über Letztere werde ich im Kapitel 33 erzählen. Zuerst zu den Highlights.

Anfang September machten sich mein Freund und ich noch einmal auf, um den Eisenerzer Reichenstein zu erklimmen. Diesmal waren wir sehr gut vorbereitet auf die Tour und ich war in einer deutlich besseren gesundheitlichen Verfassung, denn ich konnte beide Hände zum Wandern, Festhalten und Klettern nutzen. Um 6:30 Uhr starteten wir bei nebligem Wetter vom Parkplatz aus. Schritt für Schritt gingen wir den bekannten, steilen Weg nach oben bis zum Reichhals. An dieser Stelle mussten wir ein Jahr zuvor aufgeben. Doch diesmal wollten wir es wissen und wanderten weiter. Die Thermik mit aufsteigendem Nebel und eiskalter Bergluft war beeindruckend, herausfordernd und unangenehm zugleich. Mit einer gehörigen Portion Adrenalin meisterten wir auch diese letzte Etappe hinauf zum Bergtableau. Dort wartete die gut besuchte Reichensteinhütte. Wir waren froh, dass wir noch zwei Sitzplätze bekamen, und stärkten uns mit österreichischen Spezialitäten wie einer Kaspressknödelsuppe. Doch jede Pause hat ein Ende und wir waren außerdem noch nicht ganz am Ziel angekommen. Wir zogen los und gingen einige Meter den letzten Anstieg hinauf. Um 13:30 Uhr hatten wir unseren Zielort erklommen: das nebelverhangene

Gipfelkreuz des Berges in 2165 Metern Höhe. Zuletzt stand ich hier im Alter von 10 Jahren. Meine Gefühlseindrücke? Gänsehaut am ganzen Körper, Stolz über das Erreichte, ein Gefühl des Ankommens und Erleichterung machten sich im Bauch breit. Diese Herzensangelegenheit durfte ich mit einem meiner besten Freunde teilen – unbezahlbar. Das sind die Momente, die das Leben ausmachen und die einem niemand mehr nehmen kann. Die Wanderung war zudem sinnbildlich für meinen Weg in den vergangenen Monaten. Es war nie einfach, ging aber stetig bergauf. Schritt für Schritt! Die Belohnung für mein Dranbleiben war der Erfolg.

Ein weiteres tolles Erlebnis führte mich Ende November nach Berlin, um dort an einer fünftägigen Coachingausbildung teilzunehmen. Die Ausbildung hatte ich ein Jahr zuvor, also mitten in meiner Erkrankungsphase, gebucht. Die Vorfreude war riesig.

In der Seminarwoche habe ich viel Neues gelernt. Inhaltlich und auch über mich selbst. Die Teilnehmer kamen aus ganz Deutschland, Österreich und der Schweiz und hätten nicht unterschiedlicher sein können. Doch wir hatten alle dasselbe Ziel und es entwickelte sich in der kurzen Zeit eine fast schon magische Gemeinschaft – ein wirklich tolles Umfeld, welches das Seminar noch wertvoller machte. Im Laufe des Seminars gab es für mich drei Schlüsselmomente, die ich dir nicht vorenthalten möchte.

Eine der Coachingaufgaben war es, mit einem anderen Teilnehmer ein Thema zu besprechen, das einen bewegt und das man innerhalb eines Jahres realisieren wollte. Dabei sollten die Beweggründe und die Aufrichtigkeit beleuchtet werden. Meine Herzensangelegenheit war dieses Buch zu schreiben, da ich damit viele Menschen erreichen und unterstützen möchte. Das verfestigte sich im Laufe der Übung immer mehr bei mir, nicht nur im Kopf, sondern auch im Herzen und im Bauch. Ich spürte das innerlich. Ich schloss anschließend einen schriftlichen Vertrag mit mir, dass ich bis zum 1. Dezember 2018 mein Buch in der gedruckten Version in den Händen halten möchte. Nachdem du gerade diese Zeilen liest, weißt du, dass ich es geschafft habe. Rund 1 ½ Jahre sind vergangen von der Idee bis zum druckfrischen Buch. Ein Moment, der mich heute sehr stolz macht. Wie du siehst, ist es wichtig, seine Ziele schriftlich festzuhalten, in die Aufgabe vorher hineinzuspüren, einen Vertrag mit sich selbst zu schließen und dann beharrlich den Weg zu gehen.

Der zweite Schlüsselmoment war das Thema Werte. Was sind denn Werte? Werte sind im Grunde Eigenschaften bzw. Qualitäten, die jeder von uns hat – bewusst oder unbewusst. Die Summe aller Werte macht uns zu dem, was wir sind und wie wir leben. Doch die Erarbeitung und Beleuchtung dieser Werte auf einer anderen Ebene, beispielsweise im Rahmen eines Coachings, hat für einige der Teilnehmer überraschende Ergebnisse geliefert. So rückten plötzlich Werte, denen vorher ein hoher Stellenwert zugerechnet wurde, in den Hintergrund. Dafür wurden andere wichtiger. Ein wirklich spannendes Thema!

Doch den größten Schlüsselmoment lieferte mir ein Coachinginstrument, das sich Heldenreise nennt. Es ist mir so wichtig, dass ich es dir anhand meiner Geschichte näherbringen möchte – und zwar im übernächsten Kapitel.

Werte sind Wörter. Doch es sind nicht einfach nur Wörter. Sie sind ein energiegeladenes Bündel und machen dich zu dem, was du bist und wie du lebst. Über das Thema Werte gibt es viele Publikationen und die weiteren Ausführungen würden den Rahmen meines

Buches sprengen. Doch andererseits ist es mir wichtig, dass du dich mit deinen Werten einmal bewusst und in Ruhe beschäftigst!

Hast du Lust, dich mit deinen Werten intensiv auseinanderzusetzen, dich im Kern kennenzulernen und vielleicht in neue Welten aufzubrechen? Ich lade dich daher herzlich ein, dir einen Überblick auf meiner Seite www.werteanlage.de/werte zu verschaffen. Erfahre mehr zum Thema Werte, finde eine exemplarische Übersicht von Einzelwerten, beschäftige dich mit tollen Übungen und sei gespannt, was sich hieraus ergibt. Ich wünsche dir viel Spaß und Erfolg dabei!

KAPITEL 30

Fakten und Kurzinfos

KURZSTATISTIK:

Anzahl der Arbeitsunfähigkeitsbescheinigungen	22
BEM-Gesprächstermine	2
Ergotherapeutentermine	100
Gesamte gezahlte Zusatzleistungen	16.000,00 €
- davon für private Krankenhausleistungen	13.000,00 €
Heilpraktikertermine	10
Immunglobulintherapiezyklen	14
- hiervon erhaltene Immunglobulinflaschen	137
(= 137 Stunden reine Infusionszeit = 5,7 Tage)	
Krankengymnastiktermine	110
Krankenhausaufenthalte	18
Krankenhaustage	56
- hiervon Radiojodtherapietage	9
Krankheitstage insgesamt	496
Medikamentenanzahl nach dem 1. Klinikaufenthalt	8
- aktuell einzunehmende Medikamente	1
Nachsorgetermine	6

Operationen	1
Rehabilitationszeit	8 Wochen
Schreiben mit der Deutschen Rentenversicherung	21
TCM-Arzttermine	7
Wiedereingliederungszeit	6 Wochen

MEINE TOP-10-LÖFFELLISTE AUS DEM BUNKER VOM 15. MAI 2016

- den Eisenerzer Reichenstein besteigen
- meinen Freund Daniel besuchen
- beide Hände wieder in den Himmel strecken können
- eine Can-Am Spyder fahren
- noch einmal nach New York reisen
- Tomorrowland besuchen
- die Hochzeit meiner Kinder erleben
- Stonehenge sehen
- einen Marathon laufen
- etwas Bedeutendes machen (Heute weiß ich, dass dieser Punkt ein Buch schreiben ist. Dieses Buch!)

MEINE DERZEITIGEN TOP-5-WERTE

- Gesundheit
- Familie
- Glaube
- Achtsamkeit
- Empathie

MEIN TOP-1-WUNSCH FÜR DICH

GESUNDHEIT

KAPITEL 31

Meine Heldenreise

Das Modell der Heldenreise resultiert ursprünglich nicht aus dem Coachingbereich, sondern wurde vom amerikanischen Mythenforscher Joseph Campbell entwickelt, der mit diesem Schema ein gewisses Grundmuster in Erzählungen verschiedener Kulturen, Mythen und Religionen wiederfand. Hierbei unterteilte er die Geschichten auf 17 einzelne Erzählstationen. Der amerikanische Drehbuchautor Christopher Vogler fand daran Gefallen, übertrug die Systematik auf die Filmbranche und schrieb darüber das Buch „The Writer`s Journey". Es ist eine detaillierte Anleitung für Autoren, die die 12 Stationen einer Heldenreise beschreiben. Heute ist dieses Werk die Grundlage für viele erfolgreiche Hollywoodproduktionen.

Ich habe das Modell der Heldenreise erst während der Coachingausbildung kennengelernt. Ein gewisses Grundmuster konnte ich tatsächlich auch in meiner eigenen Lebensgeschichte erkennen. Ich war daraufhin so fasziniert, dass ich die Heldenreise nach Vogler auf 9 elementare Stationen angepasst und frei für mich interpretiert habe – abgestimmt auf meine Erlebnisse.

Vielleicht fragst du dich jetzt, ob dich dieses Thema überhaupt tangiert? Die Antwort von mir ist ein klares Ja, denn jeder von uns befindet sich ständig auf seiner eigenen individuellen Heldenreise.

Wenn ich eine Vielzahl von Menschen betrachte, dann unterscheiden sich die einzelnen Personen nur durch die aktuell erreichte Station auf ihrer jeweiligen Reise. Die Heldenreise ist bis zum Tod ein niemals endender Prozess und besteht aus zwei grundsätzlichen Teilbereichen: der bekannten und der unbekannten Welt.

Ausgangslage ist **die bekannte Welt**, in der jeder von uns in seinem gewohnten Umfeld und einer gewissen Routine lebt mit dem täglichen Aufstehen, Frühstücken, Arbeiten, der Familie und dem Zu-Bett-Gehen. Überraschungen bleiben in dieser Welt aus und du weißt, was du kannst und was nicht. Es gibt keine aufregenden oder neuen Momente. Das Leben plätschert so dahin. Du merkst jedoch, dass dir irgendetwas fehlt, kannst es aber nicht greifen. Das Ende im Kapitel 2 und der Anfang im Kapitel 3 sind hierfür sinnbildlich. Mir ging es gut, ich war zufrieden und hatte rückblickend viel erreicht. Doch innerlich spürte ich, dass es da noch mehr geben muss. Ich philosophierte über den Sinn des Lebens und begab mich relativ planlos auf die Suche.

In der nächsten Phase kommt der **Ruf des Abenteuers**, das heißt, äußere Einflussfaktoren verändern plötzlich dein Leben, wie zum Beispiel ein Todesfall in der Familie, der Arbeitsplatzverlust, eine besondere Begegnung oder eine Krankheit. Hierdurch wird dein Leben auf den Kopf gestellt. Du weißt nicht, wie es weitergehen soll, aber dir ist bewusst, dass du etwas ändern musst. Dieser Weckruf ereilte mich in den Kapiteln 4 und 5. Nachdem die Schmerzen in meinen Armen begannen, brach ein neuer Lebensabschnitt für mich an, ohne dass ich es vorerst wissen konnte. Einen Arzt wollte ich wegen der unausgeprägten Symptome noch nicht aufsuchen.

Die nächste Station auf der Reise ist **die Weigerung**. Deine innere Stimme und/oder das Umfeld versuchen, dich zu beeinflussen.

Du bist verunsichert und kommst dadurch nicht ins Handeln. Doch die Verweigerung des Weckrufes führt dazu, dass du dich unzufrieden fühlst. Erst mit der nötigen Akzeptanz kannst du dem Weg folgen und dich ins Abenteuer stürzen. Die Kapitel 6 und 7 zeigen gut, was ich damit meine. Mein Handeln war von Unsicherheit geprägt und ich wusste nicht, was zu tun war. Schließlich trieb mich der Kraftverlust in der Hand förmlich aus der Komfortzone und direkt in die Klinik.

Du brauchst jedoch keine Angst haben! Zum Aufbruch in die neue Welt wird dir ein **Mentor** zur Seite stehen, der dich unterstützt, inspiriert, über entsprechende Erfahrungen verfügt und beide Welten gut kennt. Dieses Wissen stellt er dir vollkommen uneigennützig zur Verfügung. Das kann eine oder es können auch mehrere Personen sein. Für meine Lebensgeschichte möchte ich es nicht nur auf einen Mentor reduzieren. Meinen ersten Mentor durfte ich in Kapitel 9 beim Seminartag kennenlernen. Du wirst es sicherlich erahnen: Es war die junge Frau, die mich sehr inspiriert hatte durch ihren Vortrag. Sie war bereits Champion beider Welten. Ihre Worte klangen noch lange bei mir nach – insbesondere das Setzen großer Ziele! Zu den weiteren Mentoren zähle ich die Oberärztin, meinen besten Freund und ebenso einige Speaker im Bereich Persönlichkeitsentwicklung, die ich in meiner Erkrankungszeit persönlich kennenlernen durfte und die mich auf einem Stück des Weges begleiteten.

Als Nächstes kommt das **Überwinden der ersten Schwelle**. Es ist der Punkt, an dem du die alte Welt hinter dir lässt und die neue Welt betrittst. Dieser Schritt ist der schwerste. Erst durch Akzeptanz kannst du den Heldenweg weitergehen und dich den kommenden Herausforderungen stellen. Den Schritt über die Schwelle sehe ich sinnbildlich ab Kapitel 12 mit der erfolgten Schilddrüsenoperation und der darauffolgenden Radiojodtherapie. Der Weg führte heraus aus der Komfortzone und direkt in die neue Welt. Erst durch die Akzeptanz der Erkrankung konnte ich meine Energie bündeln, um dagegen anzukämpfen.

Es folgt der lange **Weg der Prüfungen**. In dieser Zeit gehst du neue Wege, die du nicht immer beim ersten Mal erfolgreich beschreitest. Doch du hast dein Ziel vor Augen und einen Weg zurück gibt es sowieso nicht. Es ist eine Phase des Ausprobierens und des Findens. Jetzt werden entscheidende Weichen auf deiner Reise gestellt. Die Kapitel 21 bis 23 beschreiben meinen langen und harten Weg gut. In dieser Zeit experimentierte ich in allen möglichen Bereichen: konventionelle Krankenhausbehandlung, Ergotherapie, Krankengymnastik, TCM-Arzt, Osteopath oder Heilpraktiker. Auf der Suche nach Antworten und Ideen hatte ich mir sogar regelmäßig indianische Tarotkarten gelegt. Ich wollte nichts unversucht lassen.

Wenn du stetig den Weg gehst und an deine Ziele glaubst, bekommst du am Ende **die Belohnung**. Das kann etwas Materielles, aber auch eine höhere geistige Ebene oder „einfach" die Gesundheit sein. Es ist dein Lohn für die harte Arbeit in der Vergangenheit. Mein Geschenk erhielt ich vor allem in den Kapiteln 25 und 26. Durch meine Beharrlichkeit in Verbindung mit positivem Denken machte ich große Fortschritte und stand kurz vor der Wiedereingliederung. Ein Punkt, für den ich wirklich lange und hart gekämpft hatte.

Zurücklehnen kannst du dich jedoch nicht, denn du hast die Schlacht noch nicht gewonnen. Es steht dir nämlich der **schwierige Rückweg** in die alte Welt bevor. Doch mit dem positiven Schub aus der neuen Welt meisterst du die kleinen Hürden des Alltags. Im Kapitel 28 ist dieser Weg im Rahmen der Wiedereingliederung sehr gut dargestellt. Viele Hindernisse musste ich meistern und meine

Arbeitszeit schrittweise erhöhen. Im Vergleich zu den Aufgaben der Vergangenheit waren dies nur Lappalien.

Die letzte Station stellt das scheinbare Ende deiner Reise dar. Nachdem du von der alten Welt aufgebrochen bist und die Herausforderungen in der neuen Welt gemeistert hast, bist du mit der Rückkehr in die alte Welt der **Champion beider Welten**. Du hast an Größe und Kompetenz gewonnen. Herzlichen Glückwunsch! Das vorläufige Ende meiner Heldenreise findest du aus meiner Sicht im Kapitel 29 wieder. Ich fühlte mich großartig und gesund, konnte der Vollzeittätigkeit nachgehen und hatte den Eisenerzer Reichenstein bezwungen. Ich war noch immer ich, jedoch kam ich zurück auf einer höheren Stufe des Seins und vor allem in bester Gesundheit.

Zu Beginn der Heldenreise wurde mir auf brutale Art und Weise gezeigt, wie schnell sich alles im Leben verändern kann. Die Nervenentzündung und die Schilddrüsenkrebserkrankung waren für mich definitiv sehr einschneidende Erlebnisse mit ungewissem Ausgang. Es ist traurig, dass es meistens einen größeren Anlass wie eine Krankheit, den Tod eines nahestehenden Menschen oder den Arbeitsplatzverlust benötigt, um wirklich etwas gravierend in seinem Leben zu ändern. Der Leidensdruck war vorher anscheinend nicht genügend ausgeprägt, denn viele Änderungen hätte ich jederzeit ohne die Erkrankungen umsetzen können.

Anstatt in der Erkrankungsphase in Lethargie zu verfallen, tat ich das einzig Richtige. Ich fing an, wichtige Veränderungen anzustoßen, und kam ins Handeln.

Hierzu übernahm ich Eigenverantwortung. Fortan fokussierte ich mich auf meine Gesundheit, achtete auf die Ernährung, startete durch die neue Morgenroutine gestärkt in den Tag und ging mit viel Achtsamkeit durchs Leben. Damit veränderte ich Schritt für Schritt etliche Gewohnheiten, welche sich positiv auf mich und mein Umfeld auswirkten.

Auf dem Höhepunkt meiner wiedererlangten Gesundheit lebte ich mit den neuen Gewohnheiten auf einem höheren Level und genoss das Leben. Alles war in Ordnung, doch dann kam der Alltag und damit schlichen sich wieder die alten Muster ein. Ich trieb kaum noch Sport, achtete immer weniger auf meine Ernährung und blieb morgens lieber eine halbe Stunde länger liegen, anstatt die powervolle Morgenroutine weiter zu praktizieren. Vernünftig war das natürlich nicht, nachdem mir jede dieser Veränderungen sehr gutgetan hatte.

Durch das Schreiben an meinem Buch wurde mir dieser Umstand bewusst und ich hinterfragte die Gründe. Vermutlich änderte ich die Gewohnheiten, weil der Leidensdruck nicht mehr hoch genug war und ich wieder der Bequemlichkeit und dem Genuss verfallen war. Diese Erkenntnis war im Nachgang ein großes Schlüsselerlebnis und brachte mich zurück ins Handeln. Ich fokussierte mich neu, sprang über den eigenen Schatten und integrierte die vielen kleinen und positiven Veränderungen wieder in meinen

Alltag. Und ich gab mir ein Versprechen: ***Ich werde ab sofort Achtsamkeit nicht nur als Begrifflichkeit definieren und sehen, sondern danach leben!*** *Dabei werde ich jeden Monat meine Gewohnheiten hinterfragen, mir guttuende Veränderungen beibehalten und schädigende Verhaltensweisen durch positive Angewohnheiten ersetzen.*

Hiermit könnte deine bzw. meine Reise enden. Doch zu Ende ist die Heldenreise damit nicht. Wie der französische Schriftsteller Joseph Joubert treffend sagte: „Das Ende eines Werkes soll immer an den Anfang erinnern!" Zurück in der neuen Welt befindest du dich auf einem höheren Niveau und begibst dich bald wieder auf eine neue, spannende Heldenreise.

Lass dich überraschen, wohin deine Reise geht. Bist du schon neugierig? Dann auf in ein neues Abenteuer – aber bitte achtsam!

KAPITEL 32

Hilfe zur Selbsthilfe

Vor allem durch meine Familie und durch meine Freunde habe ich viel Hilfe und Unterstützung in meiner Erkrankungszeit erfahren. Dafür bin ich sehr dankbar. Diese Gespräche fanden jedoch auf unterschiedlichen Ebenen statt: Zwischen einem gesunden Menschen, der Gott sei Dank noch nie mit meinen Problemen konfrontiert wurde, und mit mir, einem Menschen, der genau in dieser Situation feststeckte. Natürlich kann jeder versuchen, sich in die Lage des anderen hineinzuversetzen, jedoch ist das Verständnis ein anderes, wenn man es tatsächlich erlebt hat. Ich suchte daher zusätzlich Gesprächspartner, mit denen ich mich auf einer Ebene unterhalten konnte. Diese Menschen wollte ich in speziellen Internetforen bzw. in der Selbsthilfegruppe finden und kennenlernen. Doch das Thema ist sicherlich nicht jedermanns Sache. Ich möchte meine persönlichen Erfahrungen mit dir teilen, da es für mich eine Herzensangelegenheit ist. Ob das auch ein Weg für dich sein kann, das musst du selbst entscheiden.

Aufmerksam auf den Bundesverband „Schilddrüsenkrebs – Ohne Schilddrüse leben e. V." wurde ich durch meinen Radiologen aus dem Krankenhaus. Er informierte mich über den Verein und überreichte mir eine Informationsbroschüre. Der Verein betreibt seit dem Jahr 1999 ein Internetforum, welches sich im Laufe der Zeit zu einer wahren Informationsgoldgrube entwickelt hat. Hier konnte ich etliche nützliche Informationen über Schilddrüsenkrebs, Schilddrüsenerkrankungen, Schwerbehinderung und vieles mehr finden. Zu erreichen ist die Seite unter:

www.sd-krebs.de

Eine Registrierung ist zum Lesen der Beiträge nicht nötig, jedoch empfehle ich dir, dich anzumelden, sofern du Interesse hast. So kannst du dich interaktiv mit allen Mitgliedern austauschen und das volle Potenzial des Forums ausschöpfen. Durch die Anmeldung mit einem Benutzernamen, den du dir selber aussuchen kannst, kommunizierst du anonym. Du brauchst also keine Angst haben, dich mit den gestellten Fragen bei deiner Familie, deinen Freunden oder Arbeitskollegen zu outen, da nach außen keine Verknüpfung des Benutzernamens mit deinem Klarnamen besteht. Die Nutzung des Forums ist natürlich kostenlos. Nutze diese Möglichkeit, wenn es dich interessiert – mich brachte es in vielen Punkten weiter.

Neben den unzähligen Informationen konnte ich feststellen, dass es viele Menschen unterschiedlichen Alters aus ganz Deutschland gab, denen es ähnlich wie mir mit meiner Schilddrüsenkrebserkrankung ging. Der Austausch mit den Nutzern ist für mich immer sehr wertvoll gewesen, denn die Diskussionen fanden auf einer Ebene statt. Niemand anderes konnte mich besser verstehen als die überwiegend selbst betroffenen Mitglieder des Forums. Zudem nahm ich etliche Tipps mit, begriff weitreichende Zusammenhänge und wurde über medizinische Themen noch detaillierter aufgeklärt. Dabei möchte ich an dieser Stelle ausdrücklich erwähnen, dass ein

Forum – auch das Internetforum des Bundesverbandes – natürlich niemals einen Besuch beim (Fach-)Arzt ersetzt bzw. die Meinung/ Einschätzung eines Mediziners. Ich sehe das Forum dennoch als unverzichtbare Ergänzung.

Neben dem Internetforum lädt der Verein regelmäßig zu überregionalen Veranstaltungen in ganz Deutschland ein. Es werden über das Jahr verteilt etliche Informationsveranstaltungen, Patientenkongresse und Krebsaktionstage abgehalten. Ziel ist es, möglichst viele Menschen zu erreichen, über die Erkrankungsformen aufzuklären und das Thema in die Öffentlichkeit zu bringen. Der Bundesverband macht mit Unterstützung der „Stiftung Deutsche Krebshilfe" einen guten Job. Eine aktuelle Übersicht über die Veranstaltungen findest du bei Interesse auf der Internetseite des Bundesverbandes.

Eine weitere Säule des Vereins sind die regionalen Selbsthilfegruppen, die in ganz Deutschland verteilt sind. Hier finden regelmäßige Treffen im kleinsten Kreis statt und die Betroffenen können sich dort offen austauschen, so wie sie es selbst möchten.

Im Laufe meiner Erkrankungszeit habe ich zwei unterschiedliche Selbsthilfegruppen besucht, die sich mit den Thematiken Schilddrüsenkrebs und Polyneuropathie bzw. Neuropathie beschäftigten. Bei beiden Gruppen habe ich erlebt, dass ein zwangloser Austausch auf einer Ebene zwischen den Erkrankten erfolgte. Jeder Teilnehmer konnte selbst bestimmen, welchen Informationsgehalt er preisgab. Durch die unterschiedlichsten Erfahrungen trug jeder etwas Wertvolles dazu bei, seien es Informationen über Arztempfehlungen, medizinische Verfahren, alternative Heilmethoden oder Thematiken, die das Umfeld der Personen betraf. Die Gruppentreffen empfand ich als aufbauend, verständnisvoll und sie gaben mir einen gewissen Zuspruch. Auch die Ängste der Einzelnen wurden thematisiert und ich konnte in der Gemeinschaft erfahren, dass ich nicht alleine mit diesen Gefühlen war. Die Ängste traten bei unterschiedlichen Gelegenheiten auf. Auf die Details im Rahmen der Gruppengespräche werde ich nicht weiter eingehen. Jedoch möchte ich dir gerne im nächsten Kapitel einen Einblick über meine Ängste geben, die bei mir temporär auftraten.

Rückblickend kann ich sagen, dass mir diese wertvollen Gespräche in der sowieso schon schweren Zeit geholfen haben und ich dankbar für jede einzelne Unterhaltung war. Im Kollektiv sind wir gemeinsam stark und das spürte ich. Die positive Energie und die Kraft nahm ich mit in den Alltag, um dort weiter gegen die Krankheit und die Behörden zu kämpfen – und manchmal auch gegen die Angst!

Selbsthilfe war und ist für mich ein ganz wichtiger Baustein zur Krankheitsbewältigung und eine sinnvolle Ergänzung zur medizinischen Therapie. Das Reden war ein Katalysator für meine Seele und es hörten mir Menschen zu, die meine Situation kannten, da sie sich in einer ähnlichen befanden. Bei den verständnisvollen Gesprächen standen weniger die Probleme, sondern mehr die lösungsorientierten Ansätze im Vordergrund. Durch die aufbauenden Worte und die gegenseitige Unterstützung konnte ich meine Selbstheilungskräfte aktivieren und neuen Mut schöpfen.

Selbsthilfegruppen leisten einen wichtigen Beitrag in der Gesellschaft und schaffen den Betroffenen und Angehörigen einen echten Mehrwert! Selbsthilfegruppen sind

Erfahrungsaustausch, Mutmacher, Tippgeber, sozialer Kontaktpunkt und geben Halt.

Nachdem mir das Thema Selbsthilfegruppe sehr ans Herz gewachsen ist, habe ich die Leitung für die Selbsthilfegruppe Schilddrüsenkrebs Franken übernommen. Über das Jahr verteilt versuchen wir, vier Treffen zu organisieren, um uns untereinander auszutauschen und zu unterstützen. Die Termine für ganz Deutschland findest du auf der Internetseite des Bundesverbandes unter www.sd-krebs.de.

KAPITEL 33

Die Angst

Wie im Kapitel 29 erwähnt, gab es in meiner Erkrankungszeit nicht nur positive Entwicklungen, sondern auch Rückschläge. Diese waren überwiegend auf einer psychischen Ebene angesiedelt, nachdem sich zuvor ein Ereignis zugetragen hatte. Ich empfinde das Kapitel enorm wichtig, da es große Emotionen und Gefühle von mir in Lebenssituationen zeigt, in denen ich nahe am Abgrund stand – so war zumindest meine Wahrnehmung. Es spiegelt mein Innenleben und wahrscheinlich auch das von vielen Erkrankten wider. Drei Ereignisse beschreiben diese Szenarien am besten.

Nach der Entfernung des Tumors war mir klar, dass ich die folgenden fünf Jahre regelmäßig zur Nachsorge beim Arzt oder im Krankenhaus vorsprechen sollte. Zumindest war das die ärztliche Empfehlung. Zur Erinnerung bekam ich einen handlichen Nachsorgekalender. Das ist ein kleines Heft, ähnlich wie das Bonusheft beim Zahnarzt, in dem das Datum der Untersuchung, die durchgeführte Kontrolle und der nächste empfohlene Termin festgehalten wurden. Ich hielt mich penibel an die Empfehlungen und war bisher bei insgesamt sechs Nachsorgeterminen. Der Ablauf in meinem Kopf war dabei immer der gleiche. Nach der Nachsorgeterminprozedur war ich, weil das Ergebnis stets positiv ausfiel, völlig unaufgeregt und vergaß eine Weile, dass ich an Krebs erkrankt war. Es war weniger die Verdrängung, die mich antrieb, sondern ich wollte mich mehr mit den positiven Dingen im Leben beschäftigen. Angst vor einem Rückfall hatte ich da keine! Doch spätestens nach der telefonischen Terminvereinbarung war ich bis zum Untersuchungstermin leicht aufgeregt. Der Höhepunkt entwickelte sich am Tag vor der Nachsorge. Da kam sie wieder – die Angst! Angst, dass bei den Untersuchungen etwas Negatives festgestellt werden könnte. Könnte, könnte – unbegründete Angst ist ein schlechter Begleiter, auf den ich verzichten hätte können. Doch sie war da. Die Kontrollen bestanden im Wesentlichen aus einer Sonografie im Schilddrüsen- bzw. im Halsbereich wegen der Lymphknoten und einer Blutabnahme zur Untersuchung schilddrüsenspezifischer Werte. Bis auf den kleinen Pieks nicht unangenehm. Das Ergebnis aus dem Ultraschall lag sofort vor. Die Laborwerte dauerten jedoch ein paar Tage. Ich war immer froh, nachdem ich den Arztbrief in Händen hielt und las, dass alles in Ordnung war. Es fiel mir ein Stein vom Herzen! Im weiteren Verlauf waren die Nachsorgeuntersuchungen immer positiv. Mein Angstlevel sank kontinuierlich von Untersuchung zu Untersuchung. Ich gehe davon aus, dass sich der Trend weiter fortsetzt und irgendwann die Angst gänzlich verfliegt, denn angenehm war dieses Gefühl natürlich nicht.

Die zweite Angstsituation war da schon ein wenig heftiger für mich. Im Rahmen der Ganzkörperszintigrafie und der MRT-Aufnahmen wurde im Brustwirbelbereich ein atypisches Hämangiom gefunden. Es handelt sich dabei in der Regel um einen gutartigen Tumor und ist mit einem kleinen Schönheitsfehler vergleichbar. Das vermutlich bekannteste Hämangiom trägt Michael Gorbatschow, ehemaliger Präsident der Sowjetunion. Bei ihm zeigt sich dies als Blutschwämmchen auf der Haut im Stirn-/Kopfbereich. Doch was ist bei mir schon der Regelfall? Nachdem bei mir die Bilder eine atypische Version zeigten, musste eine Kontrollaufnahme erfolgen, denn bei einem follikulären Schilddrüsenkarzinom könnte eine eventuelle Metastasierung im Bereich der Knochen stattfinden. Die Angstgefühle waren bei mir auf einem neuen Höchstlevel. Es ging also wieder ins MRT und es wurden wiederholt Schichtaufnahmen der Brustwirbelsäule gemacht. Die folgende Wartezeit wollte nicht vergehen. Nach einigen Tagen des bangen Wartens bekam ich das ersehnte Ergebnis. Die Aufnahmen zeigten keine Veränderungen zum vorherigen Bildmaterial. Der Verdacht einer möglichen Knochenmetastasierung wurde ausgeschlossen. Es handelte sich bei mir lediglich um einen kleinen Schönheitsfehler auf den Knochen – ein harmloses Hämangiom. Das war dann schon kein Stein mehr, sondern es fiel mir ein ganzes Bergmassiv vom Herzen.

Wie einem das Leben so spielte, entstand mein größter Angstmoment aus einer Lappalie heraus. In regelmäßigen Abständen ließ ich bei meinem Hausarzt die Blutwerte kontrollieren. In der Nachbesprechung der Laborergebnisse wurde mir mitgeteilt, dass zwei Schilddrüsenwerte außerhalb des Normbereichs lagen. Zur weiteren Abklärung nahm ich die Blutwerte mit zu meiner nächsten Nachsorgeuntersuchung. Der Radiologe in der Klinik sah sich die Werte an. Seine Miene verfinsterte sich und er war davon nicht angetan. Er erklärte mir, dass die Abweichungen der beiden Blutwerte Anzeichen für ein Rezidiv, also einen neuen Tumor, sein könnten. Allerdings fehlte hierzu noch ein dritter Wert, der ausschlaggebend und nötig war, damit sich der Verdacht erhärtet hätte. Er nahm mir erneut Blut ab und die Röhrchen kamen sofort ins Labor. Sofern sich der Anfangsverdacht erhärten sollte, wollte er mich nach seinem Urlaub in drei Wochen anrufen. Anschließend ging ich die folgenden 21

Tage normal in die Arbeit – jeden Tag aufs Neue und mit einem riesengroßen Rucksack voller Angst. Diese Zeit war für mich die absolute Hölle und eine nervliche Belastungsprobe. Nur meiner Frau und ganz wenigen, engen Freunden erzählte ich davon.

Ich wollte schnellstmöglich Gewissheit. Nach drei langen Wochen rief ich im Sekretariat an und hinterließ eine Rückrufbitte, die zeitnah erfolgte. Der Radiologe teilte mir telefonisch mit, dass der dritte Wert völlig in Ordnung war – und die anderen beiden Blutwerte, die zuvor außerhalb des Normbereichs waren, ebenfalls in der Norm lagen. Jetzt fiel mir kein Stein mehr und auch kein Bergmassiv, sondern es fiel mir eine ganze Gebirgskette vom Herzen. Es handelte sich bei der vorherigen Untersuchung entweder um eine Laborente oder es lag einfach daran, dass die zuvor verabreichten Immunglobulininfusionen die Blutwerte schlichtweg verfälschten. In der Zukunft legte ich zwischen den Blutabnahmeterminen und der Infusionstherapie immer große Abstände, damit es nicht wieder zu einer eventuell weiteren Verfälschung der Untersuchungsergebnisse kommen konnte.

Gerade in den Momenten der Angst stellte ich mir häufig eine Frage: Warum bin ich an Krebs erkrankt? Die Antwort und die überraschende Erkenntnis daraus möchte ich dir im nächsten Kapitel näher ausführen.

Der Lebensabschnitt nach einer Krebstherapie ist meistens mit etlichen Nachsorgeterminen, Ängsten vor einem Rückfall und der Ungewissheit über die Zukunft verbunden. Diese Gefühle hatte ich auch und das ist völlig normal nach so einem großen Einschnitt.

Meine Erlebnisse zeigten mir, dass ich mir viel zu häufig Gedanken über ungelegte Eier machte. Das Kopfkino war stets zur Stelle. Es ergab aber keinen Sinn, alle Eventualitäten durchzugehen, insbesondere nachdem sie negativ behaftet waren. Diese Gedanken waren reine Energiefresser und machten mir das Leben nur unnötig schwer.

Die Angst hatte jedoch auch viele positive Aspekte! Hierdurch wurde meine Achtsamkeit gesteigert und ich kümmerte mich wieder mehr um meine Gesundheit. Ebenso hinterfragte ich gründlich mein Leben und fasste den Entschluss, einige Änderungen vorzunehmen. Nachdem jetzt alles seinen Sinn hatte, beschloss ich, dass ich meine gemachten Erfahrungen an Erkrankte und Angehörige weitergeben möchte. Seitdem bilde ich mich regelmäßig im Bereich Coaching weiter, um meine Coachees bestmöglich zu unterstützen und durch den Krankheitsprozess zu begleiten. Schließlich bin ich jetzt ein Champion – ein Champion beider Welten!

KAPITEL 34

Warum bin ich an Krebs erkrankt?

Ich finde, das ist eine sehr mutige Frage für eines der letzten Kapitel! Es ist mir jedoch wichtig, dieses Tabuthema abschließend zu behandeln, nachdem die Lösung für mich ein Schlüsselerlebnis war.

Die oben gestellte Frage zielte bei mir zunächst auf eine konkrete Antwort ab. Und die wollte ich für mich finden. Nachdem ich auf Ursachensuche ging, stellte ich fest, dass es viele Erkrankungsgründe gab. Drei Faktoren spielen hierbei am häufigsten eine Rolle und auf die möchte ich kurz eingehen.

Größtenteils erkranken Menschen wegen der erblichen Genetik an Krebs. Die Merkmale wurden einem unausweichlich von Geburt an in die Wiege gelegt. Durch regelmäßige Vorsorgeuntersuchungen kann eine eventuelle Erkrankung rechtzeitig erkannt und dagegen vorgegangen werden. Eine weitere Möglichkeit ist auf die äußerlichen Einflussfaktoren zurückzuführen. Jeder von uns ist diesen Faktoren, bewusst oder unbewusst, ausgesetzt, wie zum Beispiel Rauchen, schlechte Ernährung, keine sportliche Betätigung, Strahlungseinflüsse usw. Diese Einflüsse könnten eine Krebserkrankung begünstigen. Hier gilt es, den möglichen Verursacher zu identifizieren und spätestens dann gegensätzlich zu handeln: mit dem Rauchen aufzuhören, regelmäßig Sport zu treiben oder jetzt doch endlich die Ernährung auf gesündere Kost umzustellen. Im Rahmen der Prävention ist es natürlich besser, es gar nicht so weit kommen zu lassen. Der letzte Faktor ist der Zufall. Jemand erkrankt ohne einen nach außen hin ersichtlichen Grund. In diesem Fall kann zur Vermeidung der Krankheit nichts unternommen werden. Es ist leider so, wie es ist.

Wenn ich alle drei Faktoren für mich betrachtete, dann war bei mir wohl das Kriterium Zufall entscheidend. Eine erbliche Vorbelastung hatte ich nicht und Schilddrüsenkrebs konnte nicht besonders begünstigt werden, wie zum Beispiel ein Raucher eine mögliche Lungenkrebserkrankung.

Doch stopp! War denn die Beantwortung der Frage bzw. die Identifizierung der Einflussfaktoren für mich wirklich entscheidend? Heute sage ich ganz klar Nein! Natürlich ist es vorteilhaft, die Hintergründe zu kennen, jedoch hätte es an der Tatsache nichts mehr geändert. Die Erkrankung war schließlich da. Es brachte mir also nichts, viel Zeit und Energie in diese Frage zu stecken. Die Kraft brauchte ich nötiger, um gegen den Krebs anzukämpfen. Gut, dass mir das schnell bewusst wurde und ich nicht in endlosem Selbstmitleid versank. Das hätte mir und meinem Umfeld nichts gebracht. Doch das heißt nicht, dass ich mich immer gut gefühlt habe, denn leider gehören auch unangenehme seelische Zustände in der Krankheitsphase dazu.

Zu Beginn meiner Erkrankung war vor allem eines elementar wichtig: die absolute Akzeptanz der Erkrankung. Erst nachdem ich mir bewusst gemacht hatte, dass die Hintergründe nicht entscheidend waren, konnte ich mich weiter darauf einlassen und die Krankheit akzeptieren. Damit meine ich nicht, dass ich es gut fand, dass ich erkrankte. Doch an der Tatsache war eben vorerst nichts zu ändern. Durch die Akzeptanz konnte ich den nächsten Schritt gehen, meine Energie bündeln und gegen die schwere Krankheit ankämpfen. So einfach, wie das klingt, war es für mich jedoch nicht. Der Verlauf ging nie linear auf der Erfolgskurve nach oben, sondern erfolgte in Wellenbewegung mit den entsprechenden Hoch- und Tiefphasen. Ich ließ mich davon nicht beirren und versuchte, mich immer im Trendkanal aufwärtszubewegen. Schritt für Schritt! Positives Denken und Handeln waren weitere Schlüsselbausteine.

Ich ging beharrlich meinen Weg und der Erfolg stellte sich schließlich ein. Achtsam begab ich mich auf den Weg und ließ mich nicht in alte Fahrwasser abbringen. Das Zurückerlangen meiner Gesundheit war die Belohnung dafür. Durch die Veränderung des Blickwinkels führe ich heute ein besseres Leben auf einer höheren Ebene.

Rückblickend kann ich meiner schweren Erkrankung sehr viel Positives abgewinnen und durfte hierdurch wichtige Erkenntnisse über das Leben gewinnen. Ich feiere jetzt meinen zweiten Geburtstag und gehe seitdem bewusster mit meiner Lebenszeit um. Ich möchte noch etliche Punkte auf meiner Löffelliste „abarbeiten" und das Leben genießen. Zudem habe ich in den vergangenen zwei Jahren gelernt, mich nicht mehr über die vielen Kleinigkeiten des Alltags, die Geschehnisse in der Welt, Umstrukturierungen in der Arbeit oder fallende Aktienkurse aufzuregen. Das sind sie nicht wert und echte Probleme sehen anders aus!

Des Weiteren habe ich erfahren, wie wichtig es ist, mit einer positiven Lebenseinstellung durch die Krankheitsphase zu gehen und welche Kraft sich dahinter verbirgt. Meine Erkrankung hat mir zudem mehr Selbstvertrauen gegeben. Ich bin heute ein anderer Mensch. Für diese Transformation bin ich dankbar.

Wie geht es mir gesundheitlich? Bis zum Abschluss dieses Buches waren sämtliche Nachsorgeuntersuchungen bezüglich des Schilddrüsenkarzinoms positiv und ich rechne weiterhin mit einem guten Verlauf. Auch die Kraft in meiner linken Hand kommt immer weiter zurück. Derzeit befinde ich mich bei grob 85 % der Gesamtkraft. Das ist immens viel, wenn ich zurückblicke und den Verlauf von 100 % auf 1 % und zurück auf 85 % sehe. Natürlich kämpfe ich heute weiterhin um jeden weiteren Prozentpunkt der Wiederherstellung. Über den positiven Ausgang meiner Erkrankung bin ich dankbar und sehe es nicht als Selbstverständlichkeit an. Es ist eine geschenkte Lebenszeit, die ich mir hart erkämpft habe!

Die Erfahrung hat mir gezeigt, dass es nicht wichtig war, die Hintergründe der Erkrankung zu hinterfragen. Entscheidend ist die Akzeptanz der Gegebenheiten – und das nicht nur im Krankheitsfall. Die ganze Energie konnte dann gebündelt in den Kampf gegen den Krebs fließen. Mein positives Mindset war entscheidend.

Die wichtigste Erkenntnis war für mich, dass es immer zu früh ist, um aufzugeben. Kämpfen lohnt sich zu jeder Zeit, wenn man ein Ziel vor Augen hat.

Was hat sich seit der Erkrankung bei mir verändert? Auf jeden Fall die Bewusstheit, dass auch der Tod zum Leben dazugehört. Doch dieses Tabuthema wird in der Gesellschaft lieber totgeschwiegen. Es liegt also an jedem selbst, das Optimale aus seiner Lebenszeit zu machen und viele wundervolle Erlebnisse zu generieren.

Ich hoffe, du hast durch meine motivierende Geschichte gezeigt bekommen, dass man in jeder noch so schlimmen Situation mit dem unbedingten Willen und einer positiven Einstellung Berge versetzen kann.

Ich wünsche dir, dass du durch dieses Buch bewusster durchs Leben gehst, dich immer bester Gesundheit erfreust und ein erfülltes Leben führen kannst. Und sei dir im Klaren: Es ist dein Leben und du alleine bist dafür verantwortlich, was du daraus machst.

KAPITEL 35

Interview

Es hat mich riesig gefreut, dass ich mit der Hilfe von Jürgen Zwickel den Kontakt zu der jungen Frau aus Kapitel 9 herstellen konnte. Zur Erinnerung: Sie hatte mich auf seinem Seminar schwer beeindruckt, nachdem sie über ihren Krankheitsverlauf referierte. Nach einem persönlichen Treffen und der Erzählung von meinem Buchprojekt konnte ich sie für dieses Interview begeistern.

Torsten: Hallo Sandra! Schön, dass du dir die Zeit genommen hast für das Interview. Wie geht es dir heute und was machst du?
Sandra: Hallo Torsten! Danke für die Einladung. Mir geht es richtig spitze. Ich fühle mich gesund, stehe voll im Leben und verfolge meine Ziele, wie zum Beispiel derzeit Tanzen. Das war mein Traum und ich gehe im Training und bei den Turnieren voll auf. Tanzen gehört mittlerweile einfach zu meinem Leben. Und auch sonst habe ich alles, was ich mir bisher vorgenommen hatte, erreicht. Einen weiteren Wunsch werde ich ebenfalls schon bald realisieren: Ich mache nächsten Monat einen Tauchkurs auf den Malediven. Und mit viel Glück werde ich mit Mantas schwimmen.

Torsten: Es freut mich, dass es dir gut geht. Doch das war vor ungefähr 7 Jahren ganz anders! Was ist passiert?
Sandra: Das stimmt! Ich hatte mit gerade einmal 23 Jahren die Diagnose Darmkrebs erhalten und wurde von heute auf morgen komplett aus meinem alten Leben gerissen. Ich musste Chemotherapien, Bestrahlungen und Operationen über mich ergehen lassen, sogar ein künstlicher Darmausgang wurde mir temporär gelegt. Es war eine schwere Zeit und ein langer Kampf. Und das in einem Alter, in dem man sich normalerweise nicht mit derart ernsthaften und lebensbedrohlichen Themen beschäftigt.

Torsten: Die Diagnose Krebs ist ein riesiger Einschnitt ins Leben. Wie hat sich die Erkrankung bei dir bemerkbar gemacht?
Sandra: Alles fing ganz harmlos an mit Schmerzen in der Fußsohle beim Laufen. Nachdem sich diese nicht besserten, suchte ich einen Orthopäden auf. Die Ursache wurde trotz etlicher Untersuchungen jedoch nicht sofort gefunden. Ich bekam zuerst einen Zinkverband, durfte nur noch mit Krücken gehen und mir wurde eine Woche absolute Bettruhe verordnet. Anschließend wurde ein Blutbild gemacht und einige Werte waren außerhalb des Normbereiches. Der Grund war weiterhin unklar. Erst nach einem Termin beim Internisten und einer Magen- und Darmspiegelung wurde die wahre Ursache gefunden: ein Darmtumor. Zwei Tage später erhielt ich nach der Gewebeuntersuchung die endgültige Diagnose Darmkrebs.

Torsten: Was ging dir durch den Kopf, nachdem du die Diagnose Krebs erhalten hattest?
Sandra: Als der Arzt das Wort Darmkrebs ausgesprochen hatte, war ich total geschockt. Damit hatte ich überhaupt nicht gerechnet und

bin sofort in Tränen ausgebrochen. Ich konnte es nicht fassen!

Es wurde anschließend über Behandlungsmaßnahmen gesprochen, doch mein Kopf war total leer und ich konnte überhaupt nichts aufnehmen. In meinem Kopf hallte immer nur das Wort Darmkrebs. Ich war meinem Vater daher äußerst dankbar, dass er mich zu diesem Gespräch begleitete, alles notierte und mich in dieser Zeit sehr unterstützte. Nachdem ich abends im Bett lag, gingen mir etliche Fragen durch den Kopf. Muss ich jetzt sterben? Warum ausgerechnet ich? War das schon alles? Ich hatte doch noch so viel vor in meinem jungen Leben.

In dieser Zeit musste ich häufig weinen, insbesondere wenn ich guten Freunden, Bekannten oder Arbeitskollegen von der schrecklichen Diagnose berichtete. Doch bereits nach einer Woche merkte ich, dass Selbstmitleid mich nicht weiterbringt. Ich riss mich also zusammen und fasste neuen Mut. Da musste ich jetzt durch! Ich wollte nicht aufgeben.

Torsten: Das ist auch der richtige Ansatz gewesen! Wie hast du diese schlimme Zeit überstanden? Was hat dir am meisten geholfen?
Sandra: Die Ärzte gaben mir von Beginn an den Rat, mir ein Ziel zu setzen, welches mich während der Behandlungen begleitet. Den Blick sollte ich stets nach vorne richten und beharrlich darauf hinarbeiten. Deswegen war es auch wichtig, dass es ein großes Ziel war, welches mir die nötige Motivation über die Behandlungsdauer hinaus verleiht. Zu dieser Zeit absolvierte ich gerade eine einjährige Weiterbildung an einer Abendschule. Ich beschloss, dass ich den Abschluss trotz Chemotherapien und den weiteren Behandlungen durchziehen werde. Während ich Chemoinfusionen erhielt, lernte ich für die anstehenden Prüfungen. Nach ein paar Wochen Chemotherapie

gab es allerdings einen herben Rückschlag. Ich kippte morgens im Badezimmer einfach um. Bei den darauffolgenden Untersuchungen im Krankenhaus wurde eine Lungenembolie festgestellt. Das war knapp und ein weiterer, riesiger Schock für mich! Dieser Vorfall machte mir deutlich, wie schnell alles vorbei sein kann, und tief in mir wusste ich, dass ich auf ein noch größeres Ziel hinarbeiten müsste. Es musste ein echter Lebenstraum sein. Es gab da eine Sache, die ich schon viele Jahre machen wollte, aber immer wieder verworfen hatte: einen längeren Auslandsaufenthalt. Nach intensiven Überlegungen kam für mich nur das andere Ende der Welt in Frage. Das war mein Rettungsanker und Wegweiser durch die Krankheit. Nachdem ich gesund war, reiste ich dann tatsächlich nach Australien und erfüllte mir meinen damals größten Traum. Es war die bis dahin schönste Zeit meines Lebens.

Torsten: Hat sich durch die Erkrankung dein Blickwinkel auf das Leben verändert?
Sandra: Ja, sehr deutlich! Seit dieser Zeit schiebe ich ganz bewusst mir wichtige Sachen nicht mehr auf. Sobald ich eine Idee habe, versuche ich diese auch so schnell wie möglich in die Tat umzusetzen. Bei einigen Dingen geht das natürlich nicht von heute auf morgen, doch ich bleibe wirklich hartnäckig dran und arbeite auf meine Ziele hin. Aus meiner eigenen Erfahrung weiß ich, wie schnell das Leben vorbei sein könnte und dass ein Später vielleicht nie mehr kommt.

Torsten: Wenn du noch einmal zurückblickst auf deine Erkrankungszeit, welche Werte haben dich getrieben und warum?
Sandra: Ziele setzen / Lebensträume verwirklichen, Familie/ Freunde und die Gesundheit. Während der Erkrankung habe ich

selbst erfahren, wie wichtig es war, ein Ziel bzw. einen Lebenstraum zu haben. Das gab mir die größte Motivation, die schwere Krankheitsphase durchzustehen und nicht aufzugeben. Ich blickte wieder positiv nach vorne, besiegte den Krebs und konnte meine Träume verwirklichen.

Genauso wichtig waren meine Familie und Freunde, die immer für mich da waren. Sie standen hinter mir und haben sich um mich gekümmert bzw. mich aufgebaut, gerade dann, wenn es mir einmal nicht gut ging. Es waren sogar Menschen für mich da, mit denen ich vorher nie gerechnet hatte. Dieser Rückhalt war für mich enorm wichtig und gab mir Kraft.

Nach überstandener Krankheit weiß ich heute, wie wichtig und eben nicht selbstverständlich die Gesundheit ist.

Torsten: Wenn du noch einen letzten Tipp den Lesern dieses Buches mitgeben möchtest, welcher wäre das?
Sandra: Verschiebe nichts mehr auf morgen oder irgendwann einmal! Wer weiß, ob dieses Irgendwann jemals kommt. Wenn du dir etwas wirklich von Herzen vornimmst, dann ziehe es durch. Ein selbstgestecktes Ziel zu erreichen oder einen langgehegten Traum zu realisieren, ist das beste Gefühl, das mich auch nachträglich mit positiver Energie erfüllt und mich zum Strahlen bringt.

Das Interview war für alle Beteiligten eine sehr emotionale Angelegenheit, bei der viele positive, aber auch negative Momente hochkamen. Dadurch wurde wieder jedem bewusst, was für ein langer und steiniger Weg zurückgelegt wurde, und wir waren uns einig:

Das Kämpfen hat sich gelohnt, weil es immer zu früh ist, um aufzugeben!
Norman Vincent Peale

Herzlichen Dank an Sandra, die sich dankenswerterweise für das Interview zur Verfügung gestellt hat. Ich betrachte das nicht als Selbstverständlichkeit und daher ist ein „Danke!" mehr als angebracht.

Mit dem nächsten Kapitel möchte ich ein herzliches Dankeschön an die vielen tollen Menschen sagen, die mich in meiner Erkrankungszeit und natürlich danach unterstützt und begleitet haben.

Ich hoffe, das Interview war für dich aufschlussreich und konnte dir weitere Sichtweisen aufzeigen.

Vielleicht hast du auch konkrete Fragen an mich, die im Buch noch nicht beantwortet wurden und dich interessieren? Sollte dies sein, dann lade ich dich herzlich ein, mir die Fragen unter fragen@werteanlage.de zu stellen. Ich werde sie zeitnah beantworten und geeignete Fragen nebst Antworten auf der Seite www.werteanlage.de/faq-interview anonymisiert und natürlich nur mit deiner vorherigen Genehmigung veröffentlichen. Ich bin auf deine Fragen gespannt!

KAPITEL 36

Danke!

Es ist Sonntag. Wie damals, als sich alles plötzlich veränderte. Ich laufe die menschenleere Straße entlang. Heute ist kein schöner Tag. Die Sonne kann sich nicht durch den wolkenbedeckten Himmel hindurchkämpfen. Und jetzt regnet es auch noch. Der Schirm liegt natürlich zu Hause – in Sicherheit und im Trockenen. Doch ich freue mich über jeden einzelnen Regentropfen, der auf meiner Haut aufkommt. Warum? Ganz einfach – ich lebe! Und zum Leben gehört neben dem Sonnenschein auch der Regen. Darüber bin ich sehr dankbar und gehe jetzt freudestrahlend durch den Regenschauer!

Dankbar bin ich auch über die vielen lieben Menschen in meinem Umfeld, die mich vor allem in meiner schwierigen Zeit begleitet und unterstützt haben.

Meinen Dank möchte ich als Erstes an meine Ehefrau richten, die mir in den ganzen Monaten der Krankheit und zum Schreiben dieses Buches den Rücken freigehalten hat. Mit deinem Verständnis, deiner Unterstützung und deiner Liebe haben wir den Kampf gemeinsam gewonnen. Ohne dich wäre es nicht gegangen! Danke, dass es dich gibt – ich liebe dich!

Ohne meine Eltern, insbesondere meine Mutter, würde ich zudem heute nicht da stehen, wo ich bin. Trotz teils schwieriger

Zeiten vermittelten sie mir wichtige Werte, das Vertrauen in Gott und schier grenzenlose Unterstützung in allen Lebenslagen. Auf euch konnte ich mich immer verlassen. Tausend Dank – vor allem an dich, Papa!

Ganz großen Dank möchte ich an meine Oberärztin richten, die mich über zwei Jahre lang perfekt medizinisch begleitet hat. Wegen ihrer ausgeprägten Fachkompetenz bin ich heute vermutlich noch am Leben. Die Dankbarkeit hierüber kann ich gar nicht wertschätzend genug ausdrücken und sage: von Herzen Dankeschön!

Ich danke Gott und dem Leben. Auch wenn nicht alles schöne Augenblicke waren, haben sie mein Leben bereichert und aus mir einen neuen Menschen gemacht, der mit einem anderen Blickwinkel durch die Welt geht. Auf manche Erfahrungen hätte ich zwar gerne verzichtet, jedoch waren es Momente des Wachstums und haben schlussendlich zu diesem Buch geführt.

Die Grundidee des Buches ist indirekt durch meinen besten Freund Holger entstanden, der mir geraten hat, meine Erlebnisse in einem Blog zu veröffentlichen. Mit dem Format eines Blogs konnte ich mich auch nach längerer Auseinandersetzung nicht anfreunden, doch hieraus ist dieses Buch entstanden. Herzlichen Dank für deinen Input und Support während meiner Krankheitsphase und des Schreibens. Danke für deine Freundschaft!

Besonderen Dank möchte ich an meine beiden Coachingkollegen Ivan und vor allem Athanasios aussprechen. Ihr habt mich beim finalen Buchabschluss immer mit wertvollem Input unterstützt und standet mir mit Rat und Tat zur Seite. Wir sind einfach ein unschlagbares Team. Und zusammen sind wir wie die drei Musketiere ;).

Ich möchte mich ganz herzlich bei allen meinen Freunden und meiner Familie bedanken, die mich in der schweren Zeit unterstützt haben mit Besuchen, Telefonaten, persönlichen Gesprächen oder ihrer unbezahlbaren Aufmerksamkeit. Danke, dass ihr mir eure Zeit geschenkt habt, mich aufgemuntert habt, mich zum Lachen gebracht habt usw. Das war so wichtig!

Herzlichen Dank auch an Karen Christine Angermayer, die nicht „nur" Geschäftsführerin des sorriso Verlages ist, sondern meine Mentorin für dieses Buchprojekt war. Mit viel Liebe zum Detail und tollen Ideen hat sie dieses Werk zu einem noch besseren Buch gemacht. Mille grazie!

Und nicht zuletzt möchte ich dir danken, verehrte Leserin und verehrter Leser, dass du dieses Buch gekauft hast. Hoffentlich hast du viele Impulse für dich und/oder dein Umfeld mitnehmen können und fühltest dich nebenbei gut unterhalten. Zudem hast du mit dem Kauf des Buches unbemerkt etwas Gutes getan, denn für jedes verkaufte Exemplar spende ich privat einen Euro an den „Bundesverband Schilddrüsenkrebs – Ohne Schilddrüse leben e. V.".

Wenn du selbst diese wertvolle Organisation unterstützen möchtest, dann kannst du das gerne mit einer Spende direkt auf die Bankverbindung des Vereins machen.

Kontoinhaber: Bundesverband Schilddrüsenkrebs –
Ohne Schilddrüse leben e. V.
IBAN: DE52 4306 0967 4007 2148 00
BIC: GENODEM1GLS
Internetseite des Vereins: www.sd-krebs.de.

Bevor dich im letzten Kapitel meine wichtigsten Impulse für dich erwarten, möchte ich dich auf meine Internetseite einladen. Über den Link:

www.werteanlage.de/buchuebersicht

kommst du auf eine Übersichtsseite sämtlicher verlinkter Inhalte aus diesem Buch. Ich wünsche dir dabei viel Spaß beim Nachbereiten und für die Zukunft alles erdenklich Gute!

Danke sagen ist einfach und dennoch keine Selbstverständlichkeit. Das war in der Vergangenheit leider nicht gerade meine Stärke. Dabei ist es doch etwas Positives und es tat auch nicht weh. Ganz im Gegenteil! Durch das Aussprechen ehrlicher Dankesworte erzielte ich bei meinem Gegenüber positive Gefühle und erwies der Person eine gewisse Wertschätzung. In der heutigen Gesellschaft ist das wichtiger denn je.

Wann hast du das letzte Mal jemandem gedankt? Sollte der Zeitpunkt bereits länger zurückliegen, dann frage dich, was dagegenspricht.

Etwas anderes hingegen ist Dankbarkeit, die mir noch einen Schritt schwerer fiel. Diese wertvolle Eigenschaft musste ich erst lernen. Durch die Führung eines Dankbarkeitstagebuchs bekam ich die nötige Klarheit, denn durch die regelmäßigen Aufzeichnungen sah ich schwarz auf weiß, auf was ich alles dankbar im Leben sein durfte. Und das war einiges! In der Emotion der Dankbarkeit fühlte ich mich wohler, hatte eine optimistische Lebenseinstellung und die war wiederum förderlich für meine Gesundheit. Eine Art Teufelskreis – nur im positiven Sinne!

Dankbarkeit machte mein Leben leichter, glücklicher und gab negativen Gefühlen keinen Raum. Doch um Dankbarkeit zu erfahren, musste ich erst das Bewusstsein hierfür entwickeln.

Kennst du dieses tiefe Gefühl der Dankbarkeit? Wann hast du es das letzte Mal verspürt? Mache dir bewusst, wofür du in deinem Leben dankbar sein kannst.

KAPITEL 37

Meine Impulse für dich – Übersicht

Als Essenz dieser meiner Lebensgeschichte, die ich mit dir, liebe Leserin und lieber Leser, teile, möchte ich meine wichtigsten Erkenntnisse als Impulse an dich weitergeben.

Deine Gesundheit – die Basis allen Lebens!

Wie steht es denn um deine eigene Gesundheit? Schätzt und pflegst du sie regelmäßig oder betrachtest du es als selbstverständlich, wenn du morgens nach dem Weckerläuten in bester Gesundheit aufwachst? Ist dir bewusst, dass deine Gesundheit die Basis für dein Leben ist?

Die innere Stimme!

Kennst du das Gefühl? Im Außen passt alles und trotzdem stimmt etwas nicht? So war es zumindest bei mir! Aus dem Nichts kam diese Stimme auf. Das war für mich erschreckend und sehr verstörend, denn ich höre sonst keine Stimmen! Sollte dir jemals etwas Ähnliches widerfahren, dann hake es bitte nicht als Spinnerei ab. Es gibt anscheinend manchmal Dinge, die wir nicht erklären können. Schenke ihnen Beachtung und sei wachsam!

Schaffe dir viele einzigartige Momente!

Einzigartige Momente kommen nie wieder zurück. Einmal erlebt, bleiben sie für immer tief in unserer Erinnerung. Kreiere daher möglichst viele unvergessliche Momente in deinem Leben!

Mache dir bewusst, dass wir eines Tages nicht die Dinge bereuen, die wir vielleicht gemacht haben, sondern viel mehr die, die wir versäumt haben. Kennst du solche Momente? Wenn ja, dann zögere nicht. Lebe deine Träume! Das macht das Leben aus.

Sei achtsam mit dir!

Nimmst du dir Zeit für deine Befindlichkeiten und gehst in dich? Sei achtsam und aktiviere deine Selbstwahrnehmung! Nimm dir regelmäßig Zeit und spüre in dich hinein. Egal, ob du einen Spaziergang machst, in Ruhe meditierst oder dich vor dem Schlafengehen fragst, ob alles okay ist. Das kostet nicht viel Zeit, ist einfach und kann dir einen echten Mehrwert geben. Und wenn du möchtest: Führe ein Achtsamkeitstagebuch!

Tränen helfen!

Bereits im Kindesalter wurde mir vermittelt, dass ich nicht weinen soll. Doch warum nicht? Weinen hat durchaus positive Aspekte. Durch die Tränen wird ein Ventil für unsere Gefühle geöffnet. Weinen kann somit erlösend und befreiend sein. Eine Art Katalysator für die Seele. Ich habe während meiner Erkrankung in Momenten des Schmerzes, der Angst und der Verzweiflung dieses Ventil unbewusst geöffnet. Hierdurch konnte ich Druck ablassen. Anschließend fokussierte ich mich neu und blickte vollen Mutes in die Zukunft.

Ventil auf – Gefühle raus – Fokus neu ausrichten!

Finde Klarheit in allen Lebenslagen!

Es war für mich nicht einfach, den Weg der Klarheit zu finden. Meine Lage erschien zuerst aussichtslos. Doch anstatt im endlosen Selbstmitleid zu versinken, nahm ich die Situation an. Durch die Akzeptanz ging ich viel positiver und befreiter damit um.

Wie gehst du mit schwierigen Lebenssituation um? Wie steht es da mit deiner Klarheit? Welche Faktoren unterstützen dich dann auf deinem Weg?

Persönlichkeitsentwicklung ist ein Schlüsselfaktor

Geistige Nahrung schadet nie! Durch die Teilnahme an Seminaren zur Persönlichkeitsentwicklung hatte ich mir eine gewisse innere Stärke zugelegt, mich intensiv mit meinen Werten beschäftigt, eine Lebensmission entwickelt und ein Vision Board erstellt. Gleichzeitig stiegen die drei großen Selbst-Faktoren: Selbst-Vertrauen, Selbst-Bestimmung und Selbst-Wert. Das sind alles wichtige Attribute im Leben, insbesondere im Krankheitsfall.

Diese Stärke wurde mir jetzt zunutze, denn ich verharrte nicht in Lethargie, sondern ich ging trotz aller Widrigkeiten gefestigt meinen Weg weiter und suchte nach Möglichkeiten.

Wie stehst du zum Thema Persönlichkeitsentwicklung? Investierst du in deine eigene Bildung? Wie ausgeprägt sind deine drei Selbst-Faktoren?

Gehe entschlossen durch alle Lebenslagen!

Mir war mein Ziel bekannt, der Weg dorthin auch und ich war bereit, ihn zu gehen. Ich wollte mich von nichts und niemandem aufhalten lassen. Die Entschlossenheit gab mir hierfür die nötige Energie und dennoch begab ich mich umsichtig auf meine weitere Reise.

Was macht Entschlossenheit für dich aus? Wie verfolgst du deine Ziele? Was treibt dich an? Bist du mit der nötigen Achtsamkeit auf deinem Weg?

Finde deinen eigenen Weg zur inneren Ruhe!

Die innere Ruhe ist der Schlüssel! Nur in diesem Zustand bist du bei dir selbst, hast die volle Kontrolle über dein Handeln und die notwendige Stabilität.

Der Weg zur inneren Ruhe ist bei jedem ein anderer – es gibt kein Patentrezept! Bei mir waren die drei wichtigsten Faktoren: Perspektivwechsel, Änderung der Einstellung und Geduld.

Kennst du den Weg zu deiner inneren Ruhe? Was sind deine drei wichtigsten Faktoren?

Meine drei besten Akut-Tipps für Erkrankte:

1. Werde Experte deiner Krankheit! Informiere dich über die Erkrankung, die Behandlungsmethoden und Fachärzte/-kliniken. Mit den entsprechenden Informationen kannst du deinen Weg gehen.
2. Führe Gespräche mit der Familie und Freunden. Das befreit dich und schafft Verständnis – auf beiden Seiten!
3. Setze den Fokus auf dich und deine Bedürfnisse über alles. Du brauchst die gesamte Energie für dich!

Schaffe Vertrauen!

Die Grundlage für Vertrauen ist zuerst ein Vertrauen in sich selbst. Darauf aufbauend helfen die eigenen Erfahrungen und Erlebnisse, um Vertrauen gegenüber anderen Menschen, Verfahren oder Handlungen zu entwickeln. Vertrauen ist erlernbar, ein lebenslanger

Prozess und macht das Leben leichter. Diese gelebte Eigenschaft ist außerdem ein guter Mitstreiter gegen die Angst!

Mit Vertrauen gehst du freier durch das Leben.

Vertraust du auf dich selbst und/oder anderen Menschen? Bei welchen Gelegenheiten spürst du Vertrauen? Ist Vertrauen zu haben nicht ein wunderbares Gefühl? Auf welchen Ebenen kannst du an dir arbeiten, um noch mehr Vertrauen hinzuzugewinnen?

Erstelle deine eigene „Löffelliste"!

Die Löffelliste gibt einem den Glauben an sich selbst, schafft Vertrauen in das Leben, aktiviert die Selbstheilungskräfte und setzt den Fokus in die Zukunft. Die Löffelliste war mein Anker, mir große Ziele für die Zukunft zu setzen. Ich notierte alles, was ich noch erleben wollte, bevor „ich den Löffel abgebe". Neben dem Notieren war eine Priorisierung nötig, denn es gab Punkte, die mir wichtiger waren als andere. Nachdem ich die Liste zu Papier gebracht hatte, plante ich im nächsten Schritt die Umsetzung.

Hast du dir schon einmal eine Löffelliste erstellt? Wenn nein, dann mache es noch heute! Denn auch bei bester Gesundheit wissen wir nicht, wann unser Leben endet. Was möchtest du in dieser Woche, im nächsten Monat oder im nächsten Jahr erleben? Schreibe es auf und komme in die Umsetzung!

Warum haben wir eigentlich Angst?

In besorgniserregenden Situationen ist Angst häufig unser Begleiter. Die Einstufung der Lage ist jedoch zumeist subjektiv. Wir schätzen die Lage so ein durch unser Denken und unsere eigenen Bewertungen. Häufig resultiert die Einschätzung aus gemachten Erfahrungen.

Geht es dir manchmal ähnlich? In welchen Situationen bekommst du Angst und wie gehst du damit um? Kannst du das nächste Mal, wenn du in eine Angstsituation kommst, Angst als einen positiven Begleiter sehen? Probiere es!

Entscheidungen treffen!

Diese drei Bausteine haben mir bei der Entscheidungsfindung geholfen:

1. Kläre deine Fragen! Welche Alternativen gibt es? Stelle eine Pro- und Kontraliste auf. Welches starke „Warum" steckt hinter deiner Frage? Wie würde der Worst Case / Best Case aussehen? Ist es deine Lösung?
2. Hole dir eine Zweitmeinung ein! Es ist keine Schande, jemand anderen um Rat zu bitten. Damit ergeben sich eventuell ganz andere Blickwinkel!
3. Sofern es die Zeit zulässt, schlafe eine Nacht darüber. Im Unterbewusstsein ergeben sich vielleicht ganz neue Lösungswege.

Raus aus der Lebenskrise!

Solltest du jemals spüren, dass du dich auf dem Weg in eine Lebenskrise befindest, dann kann ich dir folgenden Rat geben: Akzeptiere die Gegebenheiten und komme ins Tun, damit du diesen Zustand schnellstens änderst.

Familie, Freunde und Erlebnisse!

Freunde sind einfach alles im Leben und Erlebnisse sind die Würze des Daseins. Vor allem sind es Momente, die einem niemand mehr wegnehmen kann. Ich erkannte, dass beides zusammen die **tragenden Säulen im Leben** sind. Besonders in Krisenzeiten sind sie von unschätzbarem Wert, um den Alltag hinter sich zu lassen und wieder Kraft zu tanken.

Eine wichtige Erkenntnis will ich dir noch mitgeben: Wenn dir im Leben etwas wirklich wichtig ist, dann mache es noch heute, denn vielleicht gibt es kein Morgen mehr!

Achte auch du auf dein Umfeld!

Achte bitte auf dein Umfeld, denn häufig ist ein Krankheitsverlauf ein schleichender Prozess, den die betroffene Person selbst nicht mitbekommt oder einordnen kann. Deine Aufmerksamkeit kann entscheidend sein. Frage höflich in einem geeigneten Moment nach und unterstütze, sofern ein Anlass dazu besteht.

Ausdauer und die Kraft der Pausen!

Ausdauernd seine Ziele zu verfolgen ist wichtig. Keine Frage! Doch vergiss nie, Auszeiten auf deinem Weg einzulegen, wenn du sie benötigst. Den Zeitpunkt bestimmt dein inneres Ich.

Wie sieht es bei dir mit Pausen aus? Gestehst du dir selbst Auszeiten ein, wenn du welche nötig hast?

Willenskraft ist eine außerordentlich wichtige Eigenschaft!

Wusstest du, dass Menschen mit ausgeprägter Willenskraft deutlich besser mit belastenden Situationen umgehen können? Warum ist das so? Diese Menschen haben das Ziel klar vor Augen und den absoluten Willen, es zu erreichen. Komme, was da wolle! Das ist zumindest meine Erfahrung.

Nun die Frage an dich: Wie willensstark bist du?

Eingeschlichene Gewohnheiten, schlechte Gedanken, falsche Einstellungen!

Jeder kennt sie oder hat sie schon in seinem Leben gehabt: „Das schaffe ich nie im Leben!"

Weißt du, was ich meine?

Diese blockierenden Glaubenssätze machten es mir unnötig schwerer, als ich es mir machen musste. Immerhin erkannte ich es und baute in meinen Tagesablauf neue Routinen mit ein.

Die Veränderung der eigenen Gewohnheiten ist nicht leicht, doch das Ergebnis hieraus wird dich belohnen. Lass dich aber nicht entmutigen und bleibe dran, auch wenn es einen Schritt zurückgehen sollte. Das ist nicht schlimm, sondern nur die Startposition zum nächsten großen Schritt.

Kampf gegen die Windmühlen – nicht aufgeben!

„Wenn alles gegen dich zu laufen scheint, erinnere dich daran, dass das Flugzeug gegen den Wind abhebt, nicht mit ihm."

Eine Aussage von Henry Ford, die es in sich hat und mir half.

Außerdem erweiterte ich den Blick und sah die vielen wundervollen Gegebenheiten in meinem Leben, die eben nicht selbstverständlich sind: meine liebende Ehefrau, meine gesunden Kinder und meine Freunde, die für mich da waren. Ein veränderter Blickwinkel kann manchmal Wunder bewirken. Damit konzentrierte ich mich wieder auf das Ziel, ging die Dinge mit einer positiven Grundeinstellung an und kam ins Tun.

Hast du selbst schon einmal gegen Windmühlen gekämpft? Wie hätte dir eine Veränderung der Sichtweise geholfen?

Setze dir konkrete Ziele!

Für mein Vorankommen waren Achtsamkeit, Fokussierung, Klarheit, Entschlossenheit und Vertrauen entscheidende Werte. Doch ohne ein echtes Ziel wären diese wichtigen Faktoren nichts wert gewesen! Was macht ein Ziel zu einem echten Ziel? Zur Definition schaue noch einmal zurück zum Ende des Kapitels 25.

Ist das ein Ansatz für dich? Probiere es aus! Mache deine Ziele S.M.A.R.T.-F.E.E.L.

Eine optimistische Lebenseinstellung ist wichtig!

Lebe auch du mit einer optimistischen Grundeinstellung und einer powervollen Morgenroutine, damit du leichter durchs Leben gehst!

Der Glaube!

Der Glaube umfasst für mich jedoch deutlich mehr als den Glauben an Gott oder ein höheres Wesen, sondern schließt vor allem den Glauben an mich selbst und andere mit ein. Mein Glaube gab mir Hoffnung, Antrieb und vertrieb die negativen Gedanken und Ängste. Wie steht es mit deinem Glauben? Glaubst du an dich? Glaubst du an Gott, ein höheres Wesen bzw. eine höhere Macht? Hast du schon Erfahrungen mit der befreienden Wirkung der Eigenkommunikation gemacht?

Beschäftige dich mit deinen Werten!

Werte sind Wörter. Doch es sind nicht einfach nur Wörter. Sie sind ein energiegeladenes Bündel und machen dich zu dem, was du bist und wie du lebst. Setze dich daher einmal intensiv mit deiner eigenen Wertewelt auseinander und schreibe deine Top-10-Werte auf. Weitere Hilfestellungen findest du am Ende des Kapitels 29.

Überprüfe regelmäßig deine Gewohnheiten!

Mit dem Alltag schlichen sich bei mir wieder die alten Muster ein. Vermutlich änderte ich die Gewohnheiten, weil der Leidensdruck nicht mehr hoch genug war und ich wieder der Bequemlichkeit und dem Genuss verfallen war. Diese Erkenntnis war im Nachgang ein großes Schlüsselerlebnis und brachte mich zurück ins Handeln. Ich fokussierte mich neu, sprang über den eigenen Schatten und integrierte die vielen kleinen und positiven Veränderungen wieder in meinen Alltag. Und ich gab mir ein Versprechen:

Ich werde ab sofort Achtsamkeit nicht nur als Begrifflichkeit definieren und sehen, sondern danach leben! Dabei werde ich jeden Monat meine Gewohnheiten hinterfragen, mir guttuende Veränderungen beibehalten und schädigende Verhaltensweisen durch positive Angewohnheiten ersetzen.

Sei dankbar!

Danke sagen ist einfach und dennoch keine Selbstverständlichkeit. Durch das Aussprechen ehrlicher Dankesworte erzielst du bei deinem Gegenüber positive Gefühle und erweist der Person eine gewisse Wertschätzung. In der heutigen Gesellschaft ist das wichtiger denn je.

Etwas anderes hingegen ist Dankbarkeit. Um Dankbarkeit zu erfahren, musste ich erst das Bewusstsein hierfür entwickeln. Mache dir bewusst, wofür du in deinem Leben dankbar sein kannst. Schreibe ein Dankbarkeitstagebuch!

Wann hast du das letzte Mal jemandem gedankt? Und: Kennst du dieses tiefe Gefühl der Dankbarkeit? Wann hast du es das letzte Mal verspürt?

Von Herzen alles Gute!

Ich wünsche dir, dass du durch dieses Buch bewusster durchs Leben gehst, dich immer bester Gesundheit erfreust und ein erfülltes Leben führen kannst. Und sei dir im Klaren: es ist dein Leben und du alleine bist dafür verantwortlich, was du daraus machst.

Torsten Wiermann, im Juni 2018

Über den Autor:

Torsten Wiermann ist Bankkaufmann, der 1975 in Bayern geboren wurde. Er lebt in einer glücklichen Ehe mit zwei wunderbaren Kindern. Die Freude am Schreiben entdeckte er im Rahmen des Verarbeitungsprozesses einer wahren Geschichte – seiner Lebensgeschichte mit einer Krebserkrankung.

Kontakt zum Autor über:

E-Mail: torsten@werteanlage.de
Web: www.werteanlage.de